महाभारत के पल

धर्म और अधर्म के बीच: महासमर का वृतांत

बलराम सिंह भाटी

BlueRose ONE.com
Stories Matter
NewDelhi • London

BLUEROSE PUBLISHERS
India | U.K.

Copyright © Balram Singh Bhati 2024

All rights reserved by author. No part of this publication may be reproduced, stored in a retrieval system or transmitted in any form or by any means, electronic, mechanical, photocopying, recording or otherwise, without the prior permission of the author. Although every precaution has been taken to verify the accuracy of the information contained herein, the publisher assumes no responsibility for any errors or omissions. No liability is assumed for damages that may result from the use of information contained within.

BlueRose Publishers takes no responsibility for any damages, losses, or liabilities that may arise from the use or misuse of the information, products, or services provided in this publication.

For permissions requests or inquiries regarding this publication,
please contact:

BLUEROSE PUBLISHERS
www.BlueRoseONE.com
info@bluerosepublishers.com
+91 8882 898 898
+4407342408967

ISBN: 978-93-6261-268-7

Cover design: Shivani
Typesetting: Rohit

First Edition: July 2024

भूमिका

पौराणिक ग्रंथों में महाभारत का विशिष्ठ स्थान है। यह आज के परिवेश में सभी को एक नयी राह दिखाने वाला पथ-द्दष्टा है। यह ज्ञान का वह सागर है, जो जगत में कर्म को महान बताता हैं, भगवान श्रीकृष्ण ने रण-भूमि में अर्जुन को गीता-ज्ञान का पान कराकर, कर्म को सर्वोपरि व "धर्म-हित" संघर्ष को मानव का प्रथम कर्तव्य बताया। गीता-उपदेश, आत्मा-परमात्मा के बीच अद्दश्य-बंधन, मृत्युलोक में वैराग्य व जीवन-मृत्यु के मार्ग पर, जो असमंजस की स्थिति बनी हुई है, उस पर जीवन को एक सच्ची राह प्रदान करने वाला साबित हुआ। बचपन मे, कभी अर्जुन, कभी कर्ण तो कभी भीम जैसे पात्रों को, हम साथियों के साथ उन्हें अभिनित कर, खेलते थे। आदरणीय, श्री बी°आर° चोपड़ा द्वारा निर्देशित "महाभारत" हर भारत-जन को आध्यात्मिक ज्ञान व गौरव की अनुभूति कराता है तथा बतलाता है कि हमारी संस्कृति कित्नी महान और अकल्पनीय थी। सनातन परंपरा हमारी धरोहर है, यह हमें जीवन जीना सिखाती है, विश्व-गुरू भारत में जन्में महाभारत-कालीन महान योद्धा, ऋषि-मुनि, वेद रचियता, गुरूकुल-शिक्षक सभी उच्चकोटि के ज्ञानी व अन्वेषक थे। शस्त्र-शास्त्र के ज्ञान का शिक्षण गुरूकुल में बाल-शिक्षुओं को दिया जाता था।

महाभारत-काल के योद्धा अपने-२ कार्यों से प्रसिद्ध होकर सभी को जीवन में अनुभवशाली सबक प्रदान करते है। पितृ-भक्ति में गंगापुत्र भीष्म, दानशीलता में कर्ण, सत्य-प्रहरी-धर्मराज युधिष्ठर, नीति-निपुण विदुर, शिष्यता में एकल्वय (गुरू-दक्षिणा में द्रोण द्वारा अंगूठा मांगना), एवम् लक्ष्य-साधक व श्रेष्ठ विद्यार्थी अर्जुन, ऐसे कई उदाहरण है, जो हमें कर्त्व्यनिष्ठा, वीरता, बलिदान, धर्मशीलता, परोपकारिता व ईमानदारी का पाठ सिखाते हैं। परिवार कलह पर महाभारत ग्रंथ अनूठा पाठ पढ़ाता है, बटवारा निष्पक्ष व तटस्थ होकर किया जाए तो परिवार नहीं बँटते, हक-मर्दन आज भी "नव-महाभारत" बन घर को एक लघु कुरूक्षेत्र

में परिवर्तित कर देता हैं। गृह-क्लेश, आधुनिक न्यायालयों में वर्षों तक लंबित हो, नेत्रहीन धृतराष्ट्र की याद दिलाते है। हमें छल-कपट,धनलोलुपता,व्यसन, बेईमानी हठ, दंभ व अहंकार जैसे विकारों से दूर रहना चाहिए, अन्यथा ये हमें महाभारत के उन पात्रों में परिवर्तित कर देंगे,जो कुरूक्षेत्र के युद्ध का निमित्त बने। सुयोधन हठी था, राज्य के बँटवारे पर वह खिन्न होकर, षड्यंत्र कर, पांडवों से उनका राज्य हड़प गया, बैर में अंधा हो वह नारी अपमान कर बैठा, यही कृत्य उसके सर्वनाश की कहानी बना। ठीक इसी प्रकार द्रोणाचार्य ने द्रुपद से बचपन की बोली बात पर आधा राज्य अपने शिष्यों की सहायता से विजित किया।

"कभी थी द्रुपद से घनिष्ठ मित्रता-
अब बैर ने पैर किए मजबूत।
कुरू राजकुमारों का शिक्षक बन-
वह चला मिटाने अरिता की भूख।"

परिणामस्वरूप द्रुपद ने तपोबल व यज्ञ द्वारा धृष्टधुम्न का अवतरण करा, महाभारत के पँद्रहवें दिन द्रोण-वध की कहानी रची। मित्रता-शत्रुता में, लोलुपता के कारण पनपी व दो घनिष्ठ मित्रों को घोर शत्रुता प्रदान कर गयी। द्रुपद भी घमंड में मित्र का उपहास कर बचपन की कही बात का विस्मरण कर, अभिमान का ढ़ोंग कर बैठा।

"मित्रता..जब शत्रुता में बदले-
फिर खेल अनोखा होता है।
था विप्र भी जिद का पक्का-
वह लक्ष्य बगल रख सोता है।"

पितामह भीष्म की कुरू-सिंहासन के प्रति प्रतिबद्धता सदैव स्मरणीय रहेगी, आजीवन वह राजगद्दी का रक्षण करते रहें। रक्षण करते हुए उन्होनें अंबा-प्रतिशोध भी सहन किया, जिसके कारण वह जब तक सूर्यदेव (धनु राशि से मकर राशि में जाकर) उत्तरायण नही हुए तब तक यातना-शील रहकर शर शैय्या पर कुरूक्षेत्र में रहें।

"माँ को नमन किया भीष्म ने-
बोला!मिलन मात शीघ्र होगा!
मिलूंगा बैकुंठ में,पिता और तुमसे
जिस दिन सूर्य उत्तरायण होगा।"

कर्ण-अर्जुन में सदैव ही सर्व-श्रेष्ठ धनुर्धर की प्रतिस्पर्धा रहीं। अर्जुन कई मौकों पर कर्ण से अव्वल रहे, किंतु ऐसा नही कि कर्ण योग्य धनुर्धर नहीं थे, कारण था कर्ण से वह शक्तियां, जो उसे प्रबल धनुर्धर बनाती, योजनाबद्ध कहो या छल से, वह उससे दूर कर दी गयी, अगर ये शक्तियां कर्ण के साथ होती, पांडव कदापि विजयश्री पाते। कर्ण न्यायी व मानवतावादी थे। अश्वसेन अर्जुन से प्रतिशोध हेतु कर्ण के तीर पर चढ़ वध करने की विनती करता है, तो कर्ण कहते हैं-

> "नर हूँ, न नरता को..मैं कभी तजूँ?
> तुम सर्प जाति से, कैसे मैं तेरा साथ लूँ।
> अर्जुन नर है, चाहे कितना बैरी हो तेरा!
> नर-सर्प युद्ध में, अर्जुन से न घात करूँ।"

इसी सबसे प्रेरित हो, मैंने महाभारत कालीन घटित क्षणों को काव्य-रूप में संकलित कर यह रचना की है, यह मेरी "अनजानी कविताएँ" के बाद दूसरी काव्य-रचना है, आशा है, पाठक-गण पढ़कर मुझे अनुगृहीत करेंगे।

शुभकामना संदेश

मेरे लिए अत्यंत हर्ष का विषय है कि मेरे अग्रज भ्राता माननीय श्री बलराम सिंह भाटी जी ऐतिहासिक महाकाव्य, जो ज्ञान का सबसे बड़ा कोश है,महाभारत ग्रंथ पर महाभारत के पल शीर्षक से, आपने काव्य संकलन की रचना की है और उसे प्रकाशित भी कर रहे हैं। महाभारत महर्षि वेदव्यास द्वारा प्रज्वलित ज्ञान का प्रदीप है। यह धर्म का विश्वकोश है, इस ग्रंथ में जहां नारद नीति, विदुर नीति जैसे दिव्य उपदेश हैं, वही राजनीति के साथ-साथ आचार और लोक व्यवहार का भी सुंदर निरूपण है। सभी वर्णों और आश्रमों के कर्तव्यों का इसमें विवेचन है। ऐसे महत्वपूर्ण ग्रंथ पर आपके काव्य संकलन का आना प्रत्येक स्वाध्यायी, सनातन वैदिक संस्कृति, इतिहास में अनुराग रखने वाले प्रत्येक व्यक्ति के लिए हर्ष का विषय है। मैं आशा करता हूँ, आपका यह काव्य संकलन, विद्वान, उपदेशकों, शिक्षाविद, पाठकों, प्रबुद्ध जनों, विद्यार्थियों का मार्गदर्शन हमेशा करता रहेगा।

विद्वान लेखक द्वारा महाभारत के पल पुस्तक लेखन एवं संकलन के लिए, मैं अपनी हार्दिक शुभकामनाएं प्रेषित करता हूं। साथ ही बहुमुखी प्रतिभा के धनी श्री बलराम सिंह भाटी जी द्वारा ऐसे ही उत्कृष्ट काव्य संकलन एवं साहित्यिक सृजन के द्वारा आप ज्ञान-विज्ञान व गौरवशाली भारतीय इतिहास, संस्कृति के जीवन मूल्यों को जन सामान्य तक पहुंचाते रहें। आपका जीवन दीर्घायु व सुखद रहे, ऐसी परमात्मा से आपके लिए पुनः शुभकामना करता हूं।

आर्य सागर खारी।

मंत्री, चिम्मन आर्य आर्षवेद, गुरुकुल मुर्शदपुर ग्रेटर नोएडा, गौतमबुद्धनगर (उ॰प्र॰)

CH. CHARAN SINGH UNIVERSITY, MEERUT
DEPARTMENT OF PHYSICS
चौ० चरण सिंह विश्वविद्यालय, मेरठ
भौतिक विज्ञान विभाग

(DST-FIST Supported Department)

Ref. No. : Phy/PB/.......................

Date : 24-05-2024

शुभकामना संदेश

पौराणिक ग्रंथ "जंयसहिता (महाभारत)" से प्रेरित काव्य–रचना "महाभारत के पल" श्री बलराम सिंह भाटी द्वारा रचित कौरव–पांडवो के बीच कुरूक्षेत्र के महासमर पर लिखी गयी एक अनुपम रचना हैं। यह आधुनिक परिवेश में मानव को सत्य, असत्य, धर्म–अधर्म व न्याय–अन्याय के बीच भेद का भान कराती हैं। पारिवारिक कलह पर यह एक उत्कृष्ट उदारण प्रदान करती है व सीख देती हैं कि बंटवारा न्यायपूर्ण व निष्पक्ष रहकर किया जाए तो परिवार नहीं टूटते।

मेरा श्री बलराम सिंह भाटी को उनकी इस सुंदर काव्य–रचना पर अग्रिम शुभकामनांए।

24/05/2024

प्रो (डा०) बीरपाल सिंह
आचार्य एवं पूर्व विभागाध्यक्ष, भौतिकी विभाग
कुलानुशासक एवं निदेशक (शोध एवं विकास)
चौधरी चरण सिंह विश्वविद्यालय,
मेरठ (उ०प्र०)

अनुक्रमणिका

भारतवर्ष 1

कुरू-वंश 3

पितृ-भक्त-देवव्रत 7

कर्ण 15

द्रोपदी स्वयंवर 18

कुरूक्षेत्र 23

चौसर 26

चीर हरण 29

नर हो! या किन्नर 37

कीचक वध 40

कर्ण-श्रीकृष्ण वार्तालाप 50

व्यास-धृतराष्ट्र मंत्रणा 59

युयुत्सु-दुर्योधन संवाद 63

गीता-उपदेश 68

कृष्ण-अर्जुन वार्तालाप 77

युद्ध का प्रथम दिवस 80

भीष्म-शैय्या 84

अभिमन्यु-वध 92

घटोत्कच वध	109
द्रोण-वध	114
कर्ण-अर्जुन युद्ध	120
दुशासन-भीम संघर्ष	128
पांडव-विजय	131

भारतवर्ष

ज्ञान की भूमि, जम्बूद्वीप जो
विश्व की रही सदैव सिरमौर!
स्वर्ग-धरा पर आकर ठहरे!
भरतखंड में जब होती भौर!

       हिमवर्ष यह,अजनाभवर्ष भी
       भारतवर्ष कहें या आर्यावर्त!
       कोई इसे अल-हिंद पुकारे!
       कोई! महाभारत का भारत।

सिंध से बना हिंद और फिर इंडस
इंडिया! नाम अंग्रेजों की देन।
हिंदुस्तान कहें!फारसी देखो!
बसते जहाँ बौद्ध,सनातनी और जैन।

       गंगा यमुना बहती कल-कल!
       पूर्वा-पछुआ बहे,जहाँ हर पल।
       खड़े सुमेरु,सतपुड़ा,अरावली-
       हिमालय बना,प्रहरी अटल।

वेद-पुराणों की पावन-भूमि पर
ऋषि-मुनि बरसाते अद्भूत ज्ञान !
गर्व है हर भारत-जन को-
जहाँ अवतरित ज्ञानी संत महान।

      जयसंहिता ज्ञानचक्षु खोले-
      व्यासजी लिख गये ऐसा ग्रंथ।
      गणेशजी द्वारा लिपि-बद्ध है।
      व्यास-मुनि की रचना अनुपम।

कर्म-प्रधान है, पाठ पढ़ाती
धर्म-अधर्म का भेद बताए।
प्रेम,वासना,व्यसन ,छल-कपट
पर महाभारत सच्ची राह दिखाए।

      कोटि नमन महर्षि कृष्णद्वैपायनजी-
      तुमको!लिखा जगत का सच्चा सार।
      छोटा सा प्रयास मेरे कर कमलों द्वारा
      प्रस्तुत "महाभारत के पल" साभार।

कुरु-वंश

वैवस्तमनु के पिता सूर्य-
और पुत्री नाम इला जिसका।
ब्याही शशिनंदन बुध संग
पुरूरवा पुत्र रत्न उसका।

> पुरूरवा से नहुष,नहुष से ययाति-
> ययाति से पुरू व यदु उत्पन्न हुए।
> इन्ही के कुल में जन्में भरत,जिनके
> कारण हम जम्बूद्वीप से भारतवर्ष हुए।

कालांतर में जन्में राजा शांतनु
जो ब्रह्म-शाप से पीड़ित था।
राजर्षि महाभिष हुआ आशक्त गंगा
पर,इस कारण वह जन्मा था।

> आठ वषु जो महर्षि वशिष्ठ के दोषी
> माँ गंगा बनी सबकी तारनहार।
> सात पुत्र बहा नदी में..आठवें पुत्र-
> पर, शांतनु ने किया अस्वीकार।

बोली गंगा! शाप-मुक्त मैं अब-
पुत्र सौंपती तब तुमको मैं।
लालन-पालन के पश्चात हे! राजन!
मिलन पुत्र का कराती तुमको मैं।

अंतर्ध्यान हुँइ फिर गंगा...
राजन-ह्रदय पर चुभती कील।
वियोग घटाता बाहुबल को,जैसे-
दीमक लकड़ी को जाता लील।

नित निहारते बहती गंगा को-
पर वह कहाँ उन्हें दर्शन देती।
प्रेम-रोग,कचोटता शांतनु को-
नदी बीच न कोई हलचल होती।

वर्षों बीते, एक दिन गंगा तट
नजर ठहर गयी राजन की।
साक्षात रंभा अवतरित धरा पर
युवती की छवि मनभावन थी।

देख सौंदर्य सत्यवती का-
राजन अब अति व्याकुल हैं।
रोका! पूछा! हे! सुंदरी,कौन तुम?
मेरा प्रेम अति निश्छल है।

यदि बनो तुम मेरी रानी-
यह जीवन अति सुखमय होगा।
सारे सुख-वैभव दूंगा मैं तुझको-
तुम्हें मेरी अर्धांगिनी बनना होगा।

लजा गयी वह, बात कुछ ऐसी..
बोली राजन,मैं निषाद कुल की।
कैसे महलों की रानी बन जाऊं-
मैं मान गिरा,दोषी बन तेरे कुल की।

       कैसा दोष, कौन कहेगा,बोलो!
       यह सब तुम मुझ पर छोड़ो।
       राजा को अधिकार है देवी!
       किसी को वरें..अब जिद छोड़ो।

समय आने पर उत्तर दूंगी-
बोलो राजन इतनी जल्दी क्यू?
प्रेम को धीरे-धीरे चलने दो प्रियवर!
उलझन में उबटन लगे जल्दी क्यू।

       क्या उलझन है, सविस्तार बताओ!
       देखो सत्यवती!मैं हूँ तेरा प्रेम पुजारी।
       छुप-छुप प्रेम में अति बाधा है-
       अब है तेरे महल जाने की बारी।

सुनो! हे! राजन! पुत्र देवव्रत!
हमारे मिलन की बाधा है।
युवराज बने वह हस्तिनापुर का-
बोलो तुम्हारा नहीं इरादा है।

       मैं चाहूं केवल मेरी संतान ही
       राजगद्दी की हकदार रहें।
       बोलो यह स्वीकार यदि हो?
       तभी सत्यवती शांतनु की रानी बने।

प्रिय देवव्रत का हक छीनकर-
प्रेम की डोर न कभी बाँधू मैं।
नही स्वीकार मुझे हे! देवी!
पुत्र से दगा न कभी करूंगा मैं।

इतनी कहकर विमुख शांतनु
ह्रदय पर रख पाषाण चले।
प्रेम-वियोग के रोग के कारण
मन-मंदिर में अनल जले।

सहसा प्रकट हुई गंगा, एक युवान
चला आ रहा मात की अंगुली पकड़े ।
बलिष्ठ तन, भुजाऐं गठीली,नयन गर्वीले
जैसे वन बीच सिंह शिकार पर अकड़े।

रही सौंप पुत्र को मैं हे! आर्य,
कर्तव्यपूर्ण अब किया मैंने।
देकर उच्च शिक्षा-दीक्षा, पुत्र-
देवव्रत खड़ा किया हैं मैंने।

पाकर पुत्र प्रसन्न थे राजन
पर वियोग ने तन को बनाया घर।
राज्य की सीमाओं की देखभाल-
हेतु देवव्रत करते सतत समर।

यही पुत्र जिसका नाम देवव्रत
भविष्य नींव अब रखता हैं।
कुरू-वंश का गौरव बनकर,एक-
विशाल राज्य-निर्माण करता है।

पितृ-भक्त-देवव्रत

तरूण था वह, पर नादान नही!
        करता तात से प्रेम अति!
पाया विरह में, जो सही नही-
        ढूंढता हल.. शीघ्र हो विरह क्षति!
तात के दुख ने उसे सताया-
        कुटिल शूल उर में साल रहा!
कर दू क्षीण यदि जान पाया-
        तात का अरि समझो न रहा।

        पुत्र के होते पिता कष्ट में
                घृणित है जीवन उस पुत्र का!
        सौ जीवन भी छोटे पड़ते-
                उऋण न हो , प्रश्न विचित्र सा!
        पाते यश-वैभव पराक्रम वे-
                सेवा बने धर्म जब दिनरात का!
        मिलें प्रगति अवरोध दूर हो
                सेवारत हो जब हर पुत्र तात का!

पुत्र पिता के भुजबल होते-
        पिता शान से गर्वित होते।
पुत्र मान है,प्राण पिता के-
        जैसे लिपटे लता वृक्ष से।

पितृ भाव न लक्षित होता-
        बाहर विह्वल, अंदर निश्चल होता।
किंतु व्यथा,अवस्था को डसती-
        चिंता तन-मन में रही बिलखती।

    मानव कह रे नही तेरे बस की-
           नही पहचान तुझे किसी रस की।
    निज जीवन तो सब ही जीते-
           अमर वही जो हलाहल पीते।
    देवव्रत पुत्र अति आज्ञाकारी
           पितृ-पीड़ा से विचलित हैं।
    कैसे चिंता हरूँ पिता की
           गंगापुत्र तनिक विचलित हैं।

भान हुआ, न अभिमान हुआ।
करता क्या जब यह जान लिया।
तात गात में प्रेम लिए!
कई दिन हुए जलपान किए।

    प्रेम कराता कृत्य मनुज से!
    दुर्दशा न देखी गयी तनुज से।
    यौवन अनुभव पर भारी था!
    युवराज सारथी का आभारी था।

सुनकर कथा चित्त गंगेय का डोला।
किस प्रयोजन विषकन्या ने जहर उडेला।
पिता फंसे प्रेम में या उन्हे फसाया।
यह सवाल तनिक क्रोध भी लाया।

किंतु कर्तव्य पुत्र का क्या होता?
प्रश्न स्वयं ही उत्तर देता ।
समय से पितृ-कुंठा का ज्ञान हुआ।
अपने कर्तव्य का भान हुआ!।

    हे! हरि हरो कष्ट तात का!
    स्वागत करूँ अब नयी मात का।
    पहुंचे युवराज मत्स्यराज कुटि पर।
    पडी नजर जब सत्यवती पर।

किया प्रणाम बोले गंगासुत!
मेरे तात जो है आपके वशीभूत।
मेरे संग महल तक चलना होगा!
हे देवी! मेरी माता बनना होगा।

    सुनकर कर बात, मत्स्यराज बोले!
    धन्य ईश्वर!भाग्य हमारे खोले।
    युवराज से करजोड बोले!
    क्या सपना है, चक्षु तोले।

अतिहर्ष की बात कही है!
पर क्या? यह मेल सही है!
मेरी निम्न कुल-जात जो ठहरी!
तुम राजा हम ठहरे प्रहरी!

    हम पाषाण, तुम कोहिनूर हमारे!
    हमसे कोसो दूर महल चौबारे।
    तुमको गलत सूचना! हे युवक!
    मेरी सत्यवती नहीं रानी की पूरक।

जाओ लौट राजधानी जाओ!
यदि इच्छा, क्षणिक विश्राम पाओ।
तुम अतिथेय हमारा पाओ!
जाओ सत्यवती कुछ खाने को लाओ।

    ठहरो! झुककर देवव्रत बोला!
    हे! मत्स्यराज! सुनो करवंद बोला!
    मेरे पिता है,प्रेम के पाती!
    मात सत्यवती उनको है भाती।

जीवन मरण के अब ये दोनो साथी!
बोलो मात! तुम क्यू नहीं बताती।
सुनकर बात सत्यवती अकुलाई!
सच-२ अपने तात को बतलाई।

    मत्स्यराज बोले!एक पल दे दो।
    मुझको वचन ये देवव्रत दे दो।
    राज का भागी मेरा नाती ही होगा
    विवाह राजा का तब ही होगा!

पल न लगी कुंवर ने माना!
सत्यवती ने छल इसे जाना।
बोली!क्या प्रण ये संतति निभाए?
यदि भविष्य भूत को आँख दिखाए!

    इसपर क्या कुंवर कहोगे?
    मेरी इस कुटिल कुंठा को-
    कैसे कुमार!तुम हल करोगे?
    क्या आजीवन कुंआरे रहोगे?

सुनो! हे! देवी प्रण अटल ये!
आजीवन ब्रह्मचर्य मै वर लूंगा!
स्वर्ग-धरा के सौंदर्य समक्ष-
कदापि वीर्य-हास होने दूंगा।

पल सोचा,फिर दोनो भुजा उठाई!
देवव्रत देते सिंह समान दिखलाई।
की गर्जना गंगासुत ने! बोला,हे! माते!
देवव्रत रहे जीवन पर्यंत ब्रह्मचारी।

दिगदिगंत और स्वर्ग सब हिल गये!
हूई गर्जना पवन थमी,भूमंडल डोल गये!
सभी हतप्रभ, थी यह कठोर प्रतिज्ञा।
सब जग जाना,यह भीष्म प्रतिज्ञा।

अब तो शंका दूर हूई माते!
चलो हस्तिनापुर,पिता के प्राण है जाते!
बैठी रथ पर, तनिक इठलाकर!
बनी अभिमानी महापद पाकर।

कुटिया बनी महल हवेली!
दासी चली, चाल गर्वीली।
वाह! रे! भाग्य,यह अजब पहेली!
बनी महारानी,जो कुटियों में खेली॥

स्वागत हुआ नव-कुरू वधु का!
शांतनु उठे,किया रसपान मधु का।
प्राचीर सजा,बाजार सजे सब!
प्रजा खुश,महाराज भी गदगद।

पर हाय री प्रीत तु कितनी निर्दयी!
दो पल लगे तू कैसे छल गयी।
मेरे युवराज का भविष्य लील गयी!
करूण ह्रदय में कील तू कर गयी।

समय भरेगा घाव जो गहरे।
कैसे लगे भीष्म भाग्य पर पहरे।
दिन बीते,त्वरित रातें बीती।
परिवर्तन पर दुनियी जीती।

अवतरित हुए चित्र विचित्र से भाई।
मिली खुशी,बने भीष्म बडे भाई।
एक युग गया,नवयुग है आया।
परलोक शान्तनु,अंधकार सा छाया।

चिंत्रांगद को राज बिठाया!
देवव्रत ने सीमाओ को बढ़ाया।
गंधर्वों से संघर्ष में,क्षति अति भारी!
हताहत राजन! था संकट भारी।

विचित्रवीर्य बने हस्तिनापुर राजन।
काशीराज ने किया घोर अनादर।
कुपित भीष्म ने काशी जाकर!
विचित्रवीर्य को तीनो कन्या लाकर।

थी माँ सत्यवती! अति हर्षित!
किंतु समस्या हुई विकट प्रदर्षित!
अंबा ने शाल्व का वरण किया था।
बिन पूछे! अंबा हरण किया था।

थी घोर समस्या, हल यही है!
अंबा शाल्व के सुपुर्द...सही हैं।
पर नियति को यह स्वीकार नहीं था।
शाल्व नियमबद्ध,अस्वीकार सही था।

कुपित थी नारी,जो गयी दुतकारी!
हे! गंगासुत! तुमने जीती,मैं भार्या तुम्हारी।
मुझको वर लो...मेरी चिंता हर लो!
नारी हूँ, बेचारी हूँ, मेरा मान तुम रख लो।

आजीवन कुंवारा, शपथ हैं मेरी!
तुम अंर्धांगिनी, इस जन्म में मेरी!
कदापि देवी नहीं हो सकती।
लौटो काशी, ये विनती भीष्म की।

क्रोध भारी था, अंबा अब चंडी!
चढ़ी महेंद्र पर्वत की कठिन पगडंडी।
ऋषि परशुराम को पुकार लगाई!
हे! भगवन! शिष्य आपका है हरजाई।

क्रुद्ध वृद्ध जो अति वयोवृद्ध सा-
भीष्म से भीषण युद्ध किया।
आठ प्रहर तक युद्ध चला पर-
निर्णय न किसी के विरूद्ध रहा।

करो तपस्या,मेरे आराध्य की देवी!
बोले ऋषिवर! आशांन्वित अंबा से।
प्रसन्न करो! महादेव! को देवी-
वही निकाले तुझे इस झंझा से।

भविष्य लिख गया भाग्य भीष्म का-
जो था प्रण-वश जीवित खड़ा।
कितने कष्ट सहे. इस प्रण के चलते
भीष्म बना भविष्य का दोषी बड़ा।

> मिला पिता से स्वेच्छा मृत्यु वरदान-
> जो भीष्म के लिए एक ढाल बना।
> रहे सुरक्षित हस्तिनापुर तब तक-
> मरण-वरण पर,स्वयं महाकाल बना।

कर्ण

पाया सुत प्रसाद-रूप में
मूल्य नही जाना माँ ने!
धर्म-विरूद्ध प्राप्त पुत्र को
क्यों कोई कुंवारी मां पाले?
थी दुविधा में पृथा, करूँ क्या?
वह कुंवारी मात बनी थी!
आन,बान व मान-सम्मान पर
भीषण घात लगी थी।

हाय! ऋषि से पाया वर,
पड़ गया मुझको भारी!
नव कोमल लाल मेरा जो!
मैं कैसे करूँ रखवाली?
ममता बनी विवशता मेरी!
पर क्या सम्मान पाऊंगी मैं।
अपना मान घटे..घट जाए!
क्यूं पिता का मान घटाऊं मैं।

यही प्रश्न मुझे सालता-
क्या सही? मेरा मां कहलाना!
जग बैरी है, ममता बहरी है!
क्या सही है,ममत्व में बह जाना।
क्रंदन-रूदन करती जाती!
सरिता तट पग बढाती जाती।
लाल निहारे मां को देखो!
पर मां है नीर बहाती जाती।

    कर तनुजा को नमन वह बोली!
    बहा ले जाओ!मेरे सुत की पोटली।
    ले जाना वहां तुम इसको तटनि!
    मिले लाल को नवमात सुलक्षिणी।
    बन गयी मैं युगों की कुमाता!
    अपने हाथ लिखी यह गाथा।
    मेरी विवशता...मैंने जानी!
    लोलुपता ने लिखी कहानी।

करनी तो भरनी ही होती!
होनी होकर ही हैं होती।
मैं बैठ घाव को सहलाती जाती!
लाल किलकार न भुलाए जाती।
मैंने पाया खोटा भाग!
मेरे दामन पर काला दाग।
नदी ने अपना वेग बढ़ाया!
बहता बच्चा तट टकराया।

सुन किलकारी अधिरथ चौंके!
पा नवजात को थोड़े ठिठके।
हाय कौन निर्दयी! किसका है ये चिराग!
पाकर खुश हूँ, किंतु मन में तनिक विराग।
सूनी कुटिया राधा की अब किलकारेगी!
नन्ही जान जीवन सचमुच अब संवारेगी!
नियति मुझ पर हैं मेहरबान!
देकर मुझको ये नन्ही जान।

    मुख पर तेज सूर्य सा दमके!
    स्वर्ण जड़ित कवच कुंडल चमके!
    छवि अलौकिक इस बालक की!
    शक्ल हूबहू जैसे जगपालक की।
    हमने पाया जग का गहना!
    कर्ण पुत्र अब मेरा सलोना!
    समय बीत गया बड़ी तेज़ी से
    कर्ण युवा अब हो आए।
    पर चाल-चलन से लगे राजसी
    अपने को न किसी से कम पाएं।

तीर चलाना शौक राधेय का-
लक्ष्य था बनूँ श्रेष्ठ धनुर्धर।
प्रतिपल चेष्टा रही कर्ण की
अर्जुन से बड़ा.. मैं धनुर्धर।
गूरू बने जब परशुराम तो-
क्या कोई टक्कर देगा?
करे सामना कर्ण-वीर से
शायद ही धरा पर कोई विरलय होगा।

द्रोपदी स्वयंवर

रोना मेरे भाग्य ने पाया..
मेरा कैसा भाग्य रे!
कुरू-कुल की रानी हूँ,
फिर भी जीवन बना, जंजाल रे!

       वन को घर बना पाले,
       पाँच अनमोल लाल मैंने।
       कौरव नित षड्यंत्र करें
       पर साहस न खोया मैंने।
       कितनी परीक्षा देनी होगी,
       अति अबला मैं मात रे!

जीवन भर कष्ट सहें हैं मैंने,
सुख का कभी न पल पाया।
लाख का महल मिला प्रवास में,
सुरंग बना नया जीवन पाया।
पुत्रों संग बचाकर प्राण,
वन बना, नया अब स्थान रे!

इतना बूरा कृत्य करेंगे कौरव,
मुझको न था इसका भान।
तन की जान सके हर कोई,
मन की जानें मेरे राम।
रीत सदा से चली आई हैं-
अपनों ने ली विश्वास में जान रे!

लाख जतन बैरी कर लें-
जीवन पर नही किसी की चलती!
आग में ओढ़ दुशाला बैठी-
होलिका हर होली जलती!

जीना-मरना हाथ प्रभु की डोरी-
टूटे न टूटें,नही नर के बस की!
करनी अपनी कौरव कर गये-
चाल विदुर ने विफल ही कर दी!

मन में ईश्वर जपते पांडव
बना अरण्य को अपना वास!
मिली सींख कि नही छलेगा-
कोई,अब नही करना हमें विश्वास।

रहे कुटी में सारे पांडव नित
सेवारत थे माँ कुंती की!
मिला संदेशा श्रीकृष्ण का-
नियति नव नाटक रचती थी।

जाना होगा पांचाल नगरी,बन
ब्राह्मण,तुम पांडव वीरों को।
धार लगाओ...तुम अब पार्थ
अपने तूणीर के तीरों को॥

      चल पड़े आज्ञा पाकर पांडव
      अपनी माता कुंती से।
      पहुंचे सभा बीच द्रुपद की
      वे सब बड़ी फुर्ती से।

सुदूर देशों से आए राजन,
परंतु समस्या बड़ी गंभीर ।
सभा भरी महारथियों से..
विवाह प्रतियोगिता बड़ी अजीब।

      करना होगा मत्स्य-चक्षु भेदन
      जो घूमती हैं,अपने अक्ष पर!
      किंतु प्रतिबिंब-देख पानी में-
      लगाओ निशाना अपने लक्ष्य पर!

सभी ने प्रयत्न किया पर-
सफल कोई न हो पाया था।
दुर्योधन से संकेत पाकर-
कर्ण मत्स्य-भेदन को आया था।

      था लक्ष्य कर्ण के लिए अति सरल
      पर द्रौपदी ने रोका यह कहकर।
      सूतपुत्र हो,रूक जाओ वहीं पर-
      तुम योग्य नहीं,बोली वह घमंड कर।

अब कोई नहीं जो मीन आँख भेदे-
यह बात द्रुपद को अखर गयी।
क्या पांडव सुत के साथ धनुर्ता-
लाक्षागृह में खाक हूँइ।

      आगे बढ़ा वह ब्रह्म-भेष में-
      लिया उठा धनुष, किया संधान।
      पल न लगी, मीन आँख पर-
      तीर लगा, थे सब हैरान।

स्तब्ध सभा,अरे! यह क्या?
यह कृत्य क्षत्रियों की सौगात।
कोई ब्राह्मण,कैसे भागी बने?
प्रतियोगिता के क्षत्रिय ही पात्र।

      सारे राजा मिलकर बोले!
      यह क्षत्रियों का घोर अपमान।
      द्रौपदी पर हक केवल क्षत्रियों का
      सभा में मचा भीषण घमासान।

अर्जुन भीम को पल न लगी
किया शांत,अब न कोई विरोध।
द्रौपदी वरमाला ले अर्जुन तक आई
द्रुपद राजन हुए भाव-विभोर।

      मिले चार नयन, बही प्रेम पवन।
      बजने लगा मनोरम संगीत।
      बिछुड़े प्रेमी मानो अरसों बाद
      मिले हो,पा गये अपनी खोई प्रीत।

ली विदा, लौटे कुटिया पर-
जहाँ कुंती कर रही विश्राम।
देख न पायी, युद्धिष्ठर! बोले
माँ हम लाए एक अनमोल समान।

    समान भाव से लाई वस्तु पुत्र!
    बांटो भाइयों में एक समान।
    धर्म ठिठक गये यह क्या माते!
    द्रौपदी वस्तु नहीं है? थे सब हैरान।

ईश्वर वचन था, बोल गयी वह!
पर समस्या बनी अति गंभीर।
किया स्मरण व्यास-मुनि को-
मुनिवर तर्क था बड़ा विचित्र।

    द्रौपदी ने तपोबल से मांगा वर-
    जगत में परम सुंदर, परम धर्मी हो!
    श्रेष्ठ धनुर्धर, महाबली पवनपुत्र के जैसा
    और भविष्य जानने वाला हो।

इन्हीं के कारण तुम द्रौपदी
पत्नी कहलाई इन भाइयों की।
रहो सदैव खुशहाल जीवन में
पुत्री, बनो सूत्र-डोर इन भाइयों की।

कुरुक्षेत्र

बीज पोषित हुआ इंद्रप्रस्थ की भूमि पर-
बना काल कूरू के कुल का!
मायासुर की रची इस नगरी में,
अवसर नही किसी भूल का॥

गिरा सरोवर बीच कुलदीप कूरू-
का समझ आधार धरा को!
वही ठिठोली यज्ञ-सैनी की,
चीर गयी सुयोधन ह्रदय को!

अंध पुत्र का आभास कराती,
वह द्रौपदी की वाणी!
बीच सभ्य-जनो में कूरू की
कर गयी मान की हानि!

स्वभाव कराता कृत्य सभी से,
कितना ही सभ्य बनो तुम!
थी पंच वीरों की भार्या,
फिर क्यू न पनपें, दंभ व तमोगुण!

पानी में गिरा, पानी-२ हुआ
पानी रक्त गात का!
लिया मन में प्रण बदले का
था वो भी क्षत्रिय जात का!

बीज गया बैर अब देखो
होती किसकी हानि!
सब खेल मृगमरीचिका का,
कारण बनी द्रौपदी अभिमानी!

दंभी से अभिमानी का जब
हो सामना किसी पथपर!
होता युद्ध विचारो का फिर
मानव चढता क्रोध के रथ पर!

नर पर पड़ती भारी नारी
नर को न कभी सुहाई!
आग-बबूला पूरूषत्व
ह्रदय में बात बहुत अकुलाई!

पीकर घूंट अपमान का चला
सुयोधन अपनी राजधानी!
कर उपहास राजकुमार का
खुश थी इंद्रप्रस्थ महारानी!

क्षण में प्रलय, काल बीतते
सृजन सृष्टि का होने में!
शब्द जिह्वा से यदि कड़वे निकले
इक पल लगता अपने खोनें में!

शब्द तीर बन जाते मित्रों,
देते गहरी चोट!
अपने पल में पराये होते
इसमें अपना खोट!

      तोल-२ कर शब्द निकालो,
      और बोलो ऐसी वाणी!
      हो सम्मान बडे का,
      ना छोंटो की हानि!

सब जाने मूल्य वाणी का
क्या लाभ क्या हानि!
मूर्ख है वह मानव जगत में
बना रहे जो अभिमानी।

      सरल स्वभाव रखो,
      सम्मान करो सभी का
      समय बडा बलवान है मित्रों
      हिसाब करे सभी का!

अनुलेपन करता शकुनि-
अपने प्यारे भांजे के घावो पर!
समझाया सुयोधन को, दो निमंत्रण
विश्वास करो पासों पर!

      भेजो बुलावा युद्धिष्ठर को
      खेल खेले चौसर का!
      करो आतिथेय ज्येष्ठ का,
      जो महाराज है इंद्रप्रस्थ का!

चौसर

आये सम्राट हस्तिनापुर पा निमंत्रण!
स्वागत में तत्पर सारे कौरवगण!
महाराज लाये साथ असंख्य पण!
लगाते दॉंव अगले ही क्षण!

काका विदुर मे समझाया खूब!
समय विपरीत,अक्ल गयी डूब!
धर्मराज ने हठ जो ठानी!
होती रही, अब अर्थ की हानि!

शकुनि के पासे,चौसर को भाते!
पल-पल पांडव हारे जाते!
खेल हुआ अब आत्मघाती!
अनुज बने दॉंव के पाती।

नकुल हरे सहदेव हरे!
अर्जुन-भीम बैठे डरे-डरे।
धर्मराज मतिहीन जो ठहरे!
सारी सभा के फीके चेहरे।

लगी भार्या दॉव पर देखो!
मामा अबकी ऐसे पासे फैको-
दुर्योधन ह्रदय में शूल चुभे थे-
झट मामा ने ऐसे पासे फैके!

मिली कौरव को पौ बारह अबकी!
घोर समस्या,सभा अब ठिठकी।
आदेश किया दुशासन को उसने!
सच हुए उसके अभिलंबित सपने।

केश पकडकर लाओ उसको!
अंध-पुत्र जो बतलाती हमको।
उसे अपमान का भान कराए ।
जो नारी नर का मान गिराएं।

रोका खूब सभा ने,था दुर्योधन अभिमानी।
पितामह,विदुर,गुरू,न कुलगुरू की मानी।
घमंड अधिक था,वैमनस्यता भारी।
लाओ सभा-बीच,जो दासी हमारी।

गया दुशासन,बोला! चलो ऐ! दासी!
तेरे दर्शन के भ्राता दुर्योधन अभिलाषी!
मर्यादा में रहो! दुशासन! द्रौपदी बोली!
मर्याद न लांघो,न करो अभद्र ठिठोली।

सुनो द्रौपदी! धर्मराज से जाकर पूछो!
जो भाइयों व तुमको हारा,जाकर पूछो!
न राज रहा,न महाराज रहा,कारण जानों।
सभा में चलना अनिवार्य, मेरी अब मानो।

सुनो दुशासन मैं हूँ,आज रजस्वला नारी।
क्या सभा में उपस्थित माँ कुंती व गांधारी।
देव-शास्त्र व गूरू-दर्शन से मैं वंचिता नारी।
नहीं पग रखू बाहर,मैं लाचार रज-दूषिता नारी।

दुशासन झपटा,बांह पकड़ ली!
यज्ञसैनी की आंखें लाल-पीली।
बोली! दुष्ट यह कृत्य अति दुष्कर।
इसका परिणाम होगा अति हानिकर।

आर्य! कभी क्षमा नहीं करेंगे तुमको।
छोड़ो इसी क्षण प्राण प्यारे यदि तुमको।
मति-भ्रष्ट,पथ-भ्रष्ट दुशासन तुम हो!
कुल की लाज,मान-मर्यादा हंता तुम हो।

चलो दासी न प्रलाप करो अब।
तेरे दर्शन को व्याकुल सभा-जन।
केश पकड़कर चला वह निर्दयी!
यज्ञसैनी विलापी सहमी-सहमी।

था दिन आज जो इतिहास बनेगा।
नरों को युगों तक निराश करेगा।
नर द्वारा नारी सम्मान की हानि।
द्वापर की बनी ज्वलंत कहानी।

चीर हरण

सभा मौन,अरे! हम है कौन!
क्या इसी सभा के सज्जन है!
नीति बनाने वाले हम तुम सब...
आज अपराध में शामिल दुर्जन हैं।

      करते नित धर्म की बाते जो-
      करते न्याय धर्म-संगत जो-
      आज दिन-दहाड़े मर्यादा लूटती-
      नजर शर्म से न ऊपर उठती।

मान गया सम्मान गया,
कूरू-जन तुमसब नंगे के नंगे हो!
सच ही बोली थी यज्ञसैनी,
तुम निर्लज्ज!नयनों के अंधे हो।

      कुल-वधु, विलाप है जब करती!
      कुपित हो जाते पितर-गण।
      क्यों न फटे, अब यह धरती-
      जिस पर तुम अभिमानी कौरव-गण।

युगों तक यह बात चर्चित होगी!
मानव छवि अति धूमिल होगी!
सब दोष सभा का पाएँगे!
धृतराष्ट्र अयोग्य राजन कहलाएँगे।

जिस पर गर्व करे भारत-भूमि!
विरासत में पाई जो कुरूभूमि!
सब भीष्म को दोषी मानेंगे!
कुलगुरू व गुरू को पापी मानेंगे।

इतनी कह विदुर त्याग दरबार गये!
आंखों पर कर रख बाहर हुए!
दृश्य दरबार का अति दुखदाई!
इस सभा का हर सदस्य हरजाई।

बोले दुर्योधन! दुशासन चीर-हरण करो!
इस अभिमानी नारी को वस्त्र-हीन करो।
हम इसे अपनी शक्ति दिखलाएँगे!
अंधों के अंधे सभा बीच नचायेंगे।

बोली यज्ञसैनी! दुर्योधन रूक जाओ!
नारी हूँ, तनिक ह्रदय में दया लाओं।
क्या मिलें तुम्हें!सम्मान मेरा खोके!
जगत में मान पाओगे,ऐसा कृत्य करके!

मैं भी इस कुल की कुल वधु!
नारी हूँ, धर्म की मर्यादा में रहूँ।
मेरा तुम यदि मान घटाओगे।
इस धरा पर अनादर पाओगे।

इतनी सुन दुर्योधन बड़बोले!
दाँयी जंघा दिखाकर बोले।
आओ दासी यहाँ बैठो तुम।
तेरे पति दास बने बैठे गुम-सुम।

    इस बीच विकर्ण उठ खड़े हुए!
    ऐसे भ्राता! न कभी कृत्य हुए।
    मेरा हैं यहाँ,घोर विरोध सुनो!
    यह कार्य आसुरिक,दुर्योधन रूको।

द्रौपदी भाभी है मात समान !
हम सबका यहाँ सम्मान जुड़ा!
यदि यहाँ कुलवधु सम्मान गिरे!
समझो ध्वस्त सुमेरू-सतपुड़ा।

    इतनी सुन कर्ण उठकर बोला!
    नारी मुझे यहाँ कोई नही दिखती!
    पाँच पतियों संग जो नारी रहती!
    वह सम्मानित भार्या कदापि होती।

नारी सम्मान की जग में वह हकदार!
जिससे बंधे मर्यादा के पवित्र तार।
यह दासी नार नहीं, मंजिका है!
काम-वासना की मात्र पंजिका हैं।

    इसका सही स्थान, दुर्योधन जंघा!
    विकर्ण! भाभी न कहो,यह एक शुण्डा।
    नारी जो नर पर कठोर कटाक्ष करे।
    पुरूषों का अमर्यादित उपहास करे।

उसके लिए है यह उपचार सही!
कहती है सत्य,कर्मो की बही!
जो-जो ताने इंद्रप्रस्थ बीच मिले!
उनका उत्तर यज्ञसैनी को अब मिले!

चलो प्रिय दुशासन शुरू करो!
इस अभिमानी का चीर हरो।
सभी चुप है और लज्जित भी।
साड़ी में द्रौपदी, अति-भ्रमित सी।

चीख पड़ी! सिर क्यू झुके है! बोलो आर्य।
क्यू नही बचाते लाज, यह किसका कार्य?
तुम मेरे जीवनसाथी, हर मुसीबत में मेरे साथी।
क्या मुझे सभा-बीच देख न लज्जा आती।

कौन महावीर! तुम्हें धरा पर हरा सकता।
किसका दुस्साहस,मुझे वस्त्र-विहीन करता।
क्या पति-धर्म भी जुए बीच हार गये।
किस हक से जुएँ में मुझे तुम हार गये।

बोलो चुप क्यू हो! हे! आर्य! धर्म-धारी!
बोलो हे! कुंतीनंदन! सहस्र-गज बलधारी।
क्यू इतने मौन! सर्वश्रेष्ठ धनुर्धर गांडीव धारी!
लाज बचाओ! पुरूषों बीच खड़ी असहाय नारी!

हे! आर्य! तुम भविष्य-द्दष्टा!
तुमसे यह पल कैसे न टला!
क्यू? छल को धर्म न भाँप सके!
हे! खड़गधारी!तुम भी न उन्हें रोक सके।

पांडव बैठे धरा पर,बन पत्थर!
द्रौपदी ने पुकारे कान्हा थककर।
नारायण लाज मेरी रख लेना।
नहीं तो,प्राण इसी पल हर लेना।

प्रभु! मैं लाचार शरणागत सखी तेरी!
जय श्रीकृष्ण की! सभा में लगी टेरी।
दुशासन हँसता,चीरहरण करता!
बलपूर्ण साड़ी का हरण करता।

साड़ी नहीं ये अजब परिधान बनी!
नारी के सम्मान की ढाल बनी।
द्रौपदी सतत नारायण जपती!
साड़ी अति विचित्र,न तन तजती।

दुशासन अति-बलहीन, पर चीर हरे!
कौरव चिंतित, दुशासन अब धड़ाम गिरे।
कूरू-सभा में अब सन्नाटा है!
उठो! दुशासन, दुर्योधन डकराता है।

अब रूप चंडी का ले यज्ञसैंनी!
पड़ी विकल बात सभा को सहनी!
सब शांत थे, सिर भी झुके हुए!
मकरंद हीन,शिथिल तन लिए।

लट खुली,आंखें थी क्रुद्ध अति!
चढ़ बीच सभा में, वह बन शक्ति-सती।
धिक्कार तुम्हें सुनो दरबारी तुम!
देती हूँ शाप तुम्हें, सुनो अब पापी-गण।

रूको-रूको! द्रौपदी! गांधारी आयी।
न दो शाप इन्हें, बात यह दोहराई।
मैं मात हूँ, सुन पुत्री मेरी।
रहूं ऋणि सदा, सुन बात मेरी!

     दू लौटा अभी सब-कुछ तेरा!
     मिले हारा जुए में सब तेरा।
     दो आदेश हे! आर्य अभी!
     करो मुक्त पांडवों को जो हैं बंदी।
     नहीं तो प्रलय आना निश्चित हैं।
     पुत्र-मोह त्यागने में ही हित है।
     धृतराष्ट्र सिंहासन से उठकर बोले!
     सुनो सैनिकों! पांडवों की हथकड़ी खोले।

पांडव अब दुर्योधन नहीं तेरे दास रहे!
जाओ इंद्रप्रस्थ,युद्धिष्ठर अपना राज करें।
हे! पुत्री! मुझे क्षमा करो!
उर में अब ग्लानि न रखो।

     सब कार्य कालहित घटते हैं।
     जुए से प्रियजन न हरते हैं।
     था समय बुरा,नयी कथा लिख दी!
     भीम ने अजब सी प्रतिज्ञा रख दी।

जब कभी कौरव-पांडव में रण होगा!
दुशासन छाती का शोणित पीना होगा।
फिर केश धुले! जो पांचाली ने रखे खुले!
तोड़ दुर्योधन जंघा,तब भीम को चैन मिले!

यदि यह प्रण,भविष्य में न पूर्ण होगा!
भीम का मरण-स्थान नरक ही होगा।
धीरे-धीरे दुःख का ताप लगा घटने!
सारे दरबारी सभा से लगे छटने।

      गांधारी चली अंतःपुर, संग यज्ञसैनी।
      समग्र भारतवर्ष में फैली थी बैचेनी!
      इतनी पर भी दुर्योधन रूक न सका!
      शकुनि चाल में युद्धिष्ठर फिर फँसा।

बस चलनी थी,पासों की एक चाल!
यदि जो हारा, उसे मिले वनवास!
बारह वर्ष, जीवन जिए वनवासी बन!
तेरहवाँ वर्ष,अति कठिन अज्ञातवासी बन।

      यदि तेरह में,तुम दो दिखलाई!
      समझो पुनः वनवास घड़ी आई।
      पासे शकुनि के थे पढ़े हुए!
      कौरव संहार हेतु थे मढ़े हुए।

पांडव हारे,थे किस्मत के माड़े।
वनवासी रूप में,द्रौपदी संग सारे।
दिया मात को अपनी हस्तिनापुर छोड़।
करें पूर्ण वनवास,लिया ममता से मुँह-मोड़।

      जीवन बीता हो जिनका संघर्षों में।
      उन्हें कैसे कमजोर करोगे बारह वर्षों में।
      ये धर्म-ध्वजा को पकड़े हैं।
      प्रभु की प्रेम डोर को जकड़े हैं।

वन को ही सुंदर घर बना!
कुटिया को अपना महल बना।
सब सुख से जीवन जीते थे।
पर चक्षु सदैव लक्ष्य पर रहते थे!

    प्रेम अधिक था भाइयों बीच!
    करते यज्ञसैनी से प्रीत अधिक।
    सुख मिलता वहां, जहां प्यार पले।
    कुटिया अच्छी लगे और महल बुरे।

जीवन जिनका बीते संघर्षहीन !
आलस अधर्म में जो है लीन!
उन पर ईश्वर रहते क्रुद्ध सदा।
जीवन में पाते वे सदा विपदा।

    बारह वर्ष अब बीतने को!
    अपना खोया फिर जीतने को।
    पांडवों ने कमर कस ली!
    विराट नगर बना शरणस्थली।

नर हो! या किन्नर

नर हो! या फिर तुम किन्नर!
अति विस्मय में मैं,! सर्वश्रेष्ठ धनुर्धर!
किन्नर ही हो! धन्य हे! नर!
इतना सुंदर नृत्य रे नर!
सीखा किससे व किधर!
गाते भी हो अति मधुर!
मंद-२ बुदबुदाते अधर!
मोहित तुम पर समूचा विराट नगर।

   वाणी में लिए कंठ अति कातर!
   कूके कोयल, झूमे चातक!
   राग मल्हार बृहन्नला जब गाती
   सारे जग की नींद उड़ जाती।
   ठूमरी नाचे जब ठूमक-ठूमक
   भाव विभोर पूरा विराट नगर!
   समय टेर रहा तान सुरीली
   लहलहायी खेतों में सरसों पीली।

किंचित् सुख पाया सबने!
अलसित् यौवन लगा है जगने।
कलरव करते विहग गण!
अति मनोरम लगते ये क्षण।

उर्वशी के जैसा नृत्य अनोखा!
किसने सिखाया, किसकर सीखा।
कुछ तो मन में ठानी होगी!
कौन सी मंजिल पानी होगी।

    याद आ रहा मुझे वो पल!
    उर्वशी से पाया किन्नर होने का फल!
    इंद्रदेव के नयन सजल!
    देख पुत्र का इरादा अटल!
    लड़ रहा जो नियति से प्रतिपल!
    पाने अपना सम्मान सकल।
    नया रंग नया रूप देखकर!
    संशय मिटा उन्हें उद्योगी देखकर!

अज्ञातवास की ढाल बना यह!
देता पहचान नहीं नर की।
उत्तरा की बनी नृत्य-शिक्षिका
बृहन्नला! तुम हो किस जग की?
इंद्र चले अब इंद्रलोक को
मन में तनिक न शंका थी।
अज्ञातवास की कठिन लड़ाई
पांडवों की अभिलक्षित मंशा थी।

    दिन बीत रहे तीव्र गति से
    पर भूली न जाती शूल सी बातें।
    दिन कट जाते भागदौड़ में-
    परंतु कटे नही कुटिल सी रातें।
    मन में कुंठा, भारी ग्लानि थी-
    थी प्रतिशोध की ज्वाला धधकती।

नजर सदैव सूर्य पर रहती-
क्यू और कैसे संध्या नही ढलती।

कौरव-सभा की बातें चीरती-
ह्रदय को,द्रौपदी खुले बाल संवारती।
भीम-पुकार चिल्ला-चिल्लाकर
दुशासन वक्ष का लहु मांगती।
कंक आकलन करता कृत्य पर-
बात जुए की यदि न सुहाती।
नकुल-सहदेव सोचते मन में-
चैन की नींद उन्हें कहां आती।

समय का पहिया चलता जाएं
कुछ नहीं बस में तेरे रे! नर!
कर्म को अपने अच्छा कर ले!
फल की इच्छा कदापि न कर!
होता वहीं नियति जो ठाने!
इतना तो विश्वास कर ले रे! नर!
राह कठिन हैं सत्य-मार्ग की
सब-कुछ मुझ पर छोड. रे! नर!

कीचक वध

बारह वर्ष बीत गये,आगे कठिन वनवास!
पांडव है सोच में,किधर बीते अज्ञातवास।
सबकी यही धारणा,ये हो ऐसा स्थान!
कौरव खोजे यदि हमें, रह जाए अनजान।

    मत्स्य राज विराट के होगा अपना आश्रय!
    भेष बदलकर रहना है,हमें अति अनिवार्य!
    बदले सभी पांडवों नें अपने-अपने भेष!
    द्रौपदी बनी सैरंध्री,संवारे रानी के केश!

भीम बने रसोइया,बल्लभ रक्खा नाम!
थे रसोई प्रेमी,बना खिलाए पकवान।
तंतिपाल सहदेव बने,जा संभाली गाय!
ग्रंथिक नाम नकुल का,बने अस्तबल सहाय।

    धर्मराज विराट के सहायक-
    बने,कंक नाम सिर धारा!
    उर्वशी शापित अर्जुन बने-
    बृहन्नला,अंतःपुर को सँवारा।

पर उनको कहां चैन था!
अंतर में आग धधकती थी।
हस्तिनापुर की वह सभा-
नित चीर हरण करती थी।

सोना उनके भाग्य में
नियति ने नही चुना था।
अत्याचार षड़यंत्रो का
परिमाण कई गुना था।

हक, सम्मान, नाता व नीति
प्रथम जो नर यदि नकारे!
धर्मका धागा जो तोड़े-
और फिर बैठे पाप सहारे।

उनका पतन निश्चत ही होता
समय शीघ्र ही देता फल!
प्रेम के बदले,प्रेम ही मिलता
छल से नही समस्या का हल!

हक अपना वो कैसे त्यागे!
राजा थे उनके पिता अभागे!
पिता गये पर्यटन करने-
ताऊं के भाग थे जागे।

यही वेदना ढाल बनी थी-
यही कारण भृकुटी तनी थी।
हाय कुढ़न तू अनल अंगीठी-
तेरे कारण ये राते बीती।

मास शेष अब एक रहा था-
कीचक सैरंध्री को निहार रहा था।
काम-वासना का वह दास पुराना
विराट का साला था अभिमाना।

    बल पराकर्म में भीम समान!
    पल में ध्वस्त करे अरि का मान।
    आया कक्ष सुदेष्णा के कीचक
    हुआ देख दासी-रूप अति हैरान।

भेजो इस दासी को मेरे कक्ष में-
मेरा मन है अति विचलित।
मंत्र-मुग्ध भाई है तेरा बहिन!
अनुपम उपहार करो अर्पित।

    बात भाई नही तेरे हक में
    एक दासी से कैसी प्रीत!
    क्यूँ कीचड़ में स्नान करो कीचक!
    हमारे कुल की ये नही है रीत।

सुन बहिन! मैं दास हूँ, तेरी दासी का!
क्यू कारण, समझ न आए मेरी उदासी का।
भेज संध्या में, इसको मुझ तक-
वरना मरा मुँह देखो भाई का।

    बहिन पिघल गयी भाई जो ठहरा!
    सैरंध्री का शक हुआ अब अति गहरा
    रानी ने आ आदेश सुनाया!
    सुन दासी को गुस्सा आया।

शाम को रानी तेरे भाई से मिलना!
क्या सही है तेरा ये कहना।
नारी हो,नारी की सोचो!
रानी हो,दासी की सोचो।

तुम रक्षिणी हो,मेरी आन की!
तनिक सोचो,हे! रानी! मेरे मान की
मैं विवाहिता हूँ, और लाचार!
तुमको यदि हो,अपने भाई से प्यार!

मूझे रोक लो, वहॉं जाने से!
भाई रहे न जीवित,मेरे जाने से।
मैं गंधर्व की पत्नी जो ठहरी!
वही बनेंगे मेरी अस्मिता के प्रहरी।

हंसी सुदेष्णा मजाक करो मत!
मेरा भाई न हो,किसी से आहत।
जाओ मेरा आदेश तुम मानो!
कक्ष में जाओ,कर्तव्य पहचानो।

थी कभी मैं भी इंद्रप्रस्थ की रानी,
करी नही किसी के मान की हानि।
प्रभु रख लो पुनः मेरी लाज!
नियति ने फोड़े है मेरे भाग।

पांच पांडवों की मैं रानी हूँ!
कूरू-वधु अति अभिमानी हूँ।
हर ने हरी मेरी हमेशा पीड़ा!
कीचक कैसे करेगा काम-क्रीड़ा।

फिर सोचा क्यू हरि से बोलूं!
अपने झंझट वल्लभ!आर्य से बोलूं।
विवशता दासी का क्रोध जगाती।
व्यथा दौड वल्लभ को सुनाती।

शाम ढली, खुले हाला के प्याले!
कीचक संगीत मे हुए मतवाले।
कोने मे दासी को बैठा पाया!
वासना शिखर पर,हाथ बढ़ाया।

स्पर्श मादा का,या यह नर का?
भ्रमित ह्रदय लगा था झटका।
भीमसैन ने जमीन पर पटका!
निकल पडा कीचक का दम सा।

द्वंद हुआ अति रोमांचकारी!
दोनो थे एक दूसरे पर भारी।
मिली सफलता भीम हरसायें!
कीचक सिधारे, सैरंध्री मुस्काए।

धन्य हूई आज,आर्या!मै तुमको पाकर-
दिवस चार बचे है यहॉं पर।
जाओ अपने काम पर जाओ!
ईधर नजर न किसी की आओ।

बात पवन वेग से हस्तिनापुर बह गयी!
कीचक वध कहानी सबकुछ कह गयी।
सुंदर अवसर मिला दुर्योधन को!
पॉडव सज्ज थे इस प्रयोजन को।

एक छोर सुश्रमा ने गायों को घेरा!
दूजी और कौरव सेना का डेरा।
विराट गये सुशर्मा से लड़ने!
चारो पॉडव साथ चले रण में।

उधर कौरव चुनौती देकर!
रण मे तत्पर भारी सेना लेकर।
संदेश युद्ध का उत्तर तक पहुंचा!
महल बीच पसरा मातम सा।

सैरंध्री ने बात संभाली!
बृहन्नला बनी रथ-रखवाली।
नया खून था,जोश भरा था!
देख कर सेनादल वह डरा था।

बृह्नला ने ढांढस बाधा!
रथ को समी पेड से बॉधा ।
चढा कुँअर को,अस्त्र-शस्त्र उतारे!
रथ को अब कुँअर सँभाले।

गॉडीव ने जब भरी टंकार!
कौरव विचलित कैसा चमत्कार।
रथ बीच,साडी में सज्ज,कौन बला ये!
करतबों से अर्जुन समान,क्या उत्तर की बुआ ये?

भ्रांति गहन कौरवो मे छांई!
कौन महारथी?जो दिखता मादा।
खडा समर मे उन वीरों सम्मुख-
क्या मृत्यु-मिलन का है इरादा।

जीवन प्यारा नही नारी को!
आई युद्ध में किस प्रयोजन से।
कैसे वार करें,हम नारी पर-
नर सुहाता...लड़े जब नर से।

पहला शर भीष्म चरणों पर-
दिया संकेत,विचलित वृद्ध को!
दो घडी शेष रही अज्ञातवास में-
पहचानो? इस नारी या नर को।

बाण बरसते जो प्यासे थे-
जो सोये बीच शमशान।
घायल हूई कौरव-सेना-
फिर भी नही,अर्जुन का भान।

रवि संध्या से मिलकर-
क्षितिज छोड छिप जाता हैं।
सफल हूई तपस्या उनकी-
भाग्य साथ दे जाता हैं।

पर संशय या छल माने-
दुर्योधन अपनी करनी जाने।
अज्ञातवास आज भंग हुआ!
कह-कह वह देता तानें-

पर क्या क्यों कोई उसकी मानें?
तिथि का ज्ञान पंचांग ही जाने!
सैन्यदल लौटे अपने स्थान,
पांडवों ने पाया विराट सम्मान।

विराट पुत्री उत्तरा,अभिमन्यु संग ब्याही।
पांडव दल मे खुशी कई वर्षों बाद आई।
हक पाने की शुभ घड़ी आई।
पांडवों ने अब सभा बुलाई।

बनी योजना, द्रुपद भी आए!
श्रीकृष्ण बलराम सभा में आए।
सबने माना राज्य मिले अब-
नही मिलें तो युद्ध हो तब।

भेज दूत को दो तत्काल!
वरना रण होगा,अति विकराल।
दिन बीते संदेशा आया!
दूत को खाली हाथ लौटाया।

श्रीकृष्ण ने खुद जाने की ठानी।
मांग करी फिर वही पुरानी।
दुर्योधन से मांगा आधा राज!
इस पर कौरव कुंवर अति नाराज।

कान्हा ने रखी फिर छोटी मांग!
पांडवों को दे दो पांच ही गॉंव।
बोले हठी,यहां हठ मेरी ही चलेगी!
सूई की नोक भर न जमीन मिलेगी।

जाओ ग्वाले, वापिस जाओ!
पल रूके तो बंदी हो जाओ।
सभा अवाक! पितामह बोले!
चुप रह मूर्ख!क्या मुख से बोले।

सारा भूमंडल इनसे डरता!
मूर्ख,व्यर्थ क्यू इनसे भिड़ता।
किया इशारा सैनिक दौड़े!
खड़ा ऐंठ में मूंछ मरोड़े।

    क्रोध प्रभु को भयंकर आया!
    सभा बीच विराट रूप धर लाया।
    आँखे बंद न खुल पाती है!
    सभा तपिश महसूस करती है।

दुर्लभ रूप पवित्र आत्माओं ने देखा!
भीष्म द्रोण कृपाचार्य विदुर ने देखा।
धृतराष्ट्र ने विनय से क्षणिक दृष्टि सुख पाया।
प्रभु का अनुपम रहस्य देख हरसाया ।

    चपला बरसी,सभाजन भागे!
    दिव्य चक्षु हीन कई अभागे!
    वंचित प्रभु के दिव्य दर्शन से!
    शकुनि भयभीत लिपट दुशासन से।

दृश्य बना बड़ा ही प्रलयंकर।
विराट रूप प्रभु का अति भयंकर।
पवन तेज, प्रकाश अधिक था।
सभा जलने को,ताप अधिक था।

    त्राहिमाम! कर रहे दरबारी!
    आज आई, प्राणो की बारी।
    अनुनय-विनय दंडवत करते।
    भय-वश प्रभु का वंदन करते।

भीष्म विनती पर नारायण हुए शांत!
धृतराष्ट्र-सिंहासन का कर त्याग!
करवंद प्रार्थना! हे! वासुदेव!
करे क्षमा! सभी को,हे! द्वारकेश।

        प्रभु हैं भक्तों के लिए कृपानिधान।
        पल न लगी, लिया क्रोध थाम।
        मन कुपित,विगत बातें जान!
        दी क्षमा! विधि का यही विधान।

कर्ण-श्रीकृष्ण वार्तालाप

ले विदाई विदुर घर से,
वासुदेव चले,संग कर्ण रथ पर!
बने सारथी कर्ण प्रभु के-
करें विनती,चरण पकड़कर!

      अभिमानी व मूर्ख तनिक है-
      प्रभु मेरा मित्र सुयोधन!
      कर दो क्षमा विनती हे! गिरधर!
      हैं स्वीकार दंड,मुझे इसी क्षण!

अज्ञानी व हटी घना हैं,
क्रोधी तनिक ज्यादा भी!
मति हरी किसी ने नटवर!
पाँच गाँव लगे ज्यादा ही!

      नहीं भान मित्र को मेरे,
      बुद्धि चरे किसी चौक पर!
      दिया अनल में झोंक कुल को
      तज प्रतिष्ठा सूई की नोक पर

अवसर खोया, सुलह भली थी
कलह गले लगा ली अपने !
मेरा कहना वासुदेव बस इतना
क्षमा करो मित्र को मेरे!

      बोले नटवर! कर्ण सुनो!
      तुम मित्र विश्व में सर्वोत्तम!
      चले पाप के साथ मित्र जो-
      खड़े फिर भी बाँह पकड़कर!

साथी देखे मैंने अनगिन
पर तुम हो अति अनूठे!
देते रहते साथ मित्र का
जो नित धर्म को लूटे!

      तुझसे स्नेह मुझे सदा से
      हे! कर्ण पूछों ऐसा क्यूंकर?
      क्यू तेरे रथ पर बैठ चला मैं-
      बात समझ आई? प्रियवर!

रथ रूका! चरणों पर मस्तक
कर्ण बोले भावों में बह कर!
इतना मान वासुदेव क्यों मुझपर
क्या कारण मुझ मामूली नर पर!

      मैंने आज पा लिया हे! कान्हा!
      जग का सारा वैभव इस क्षण!
      धन्य हुआ मिला स्नेह अति -
      गदगद हैं मेरा तन-मन!

बोलो कान्हा क्या कारण हैं?
जो मैं इतना स्नेही!
ऐसा क्या गुण मुझमें पाया?
बना प्रभु का परम स्नेही!

सुनो कर्ण सज्ज हो जाओ!
सावधान इंद्रिया कर लो!
तुम राधेय हो,सच नहीं हैं!
तुम एक क्षत्रिय,समझ लो!

जन्में जिस माता से तुम..
कर्ण सुनकर चौंक उठोगे!
शूरवीर धर्मानुयायी सहोदर-
पाकर कितना घमंड करोगे!

सुनकर वाणी कान्हा की-
कर्ण विस्मय से भर आएं!
ह्रदय धड़कता तीव्र गति से
तन गयी रक्त-शिराऐं !

हाँ! मैं सज्ज हूँ,कान्हा बोलो!
कौन हैं? माता मेरी!
किस कारण में त्यागा?
हैं कौन? मात अभागिन मेरी?

कौन सहोदर मेरे बोलो?
जो अब तक मैं निपट अकेला!
सूना बीता मेरा बचपन
मैं बिन भाइयों के खेला!

रोकर पकड़े हाथ कान्हा के-
कर्ण अति अकुलाए!
भर गयी आँखें अब कान्हा की-
कर्ण फिर गले लगाए!

अनुलेपन पा कान्हा से
सहज भाव राधेय बुदुदाए!
बतला दो अति शीघ्र मुझे
कर्ण अधीर हो आए!

कुंती सुत हो! शूरवीर सुनो
पांडव तेरे अनुज सहोदर!
युधिष्ठर अर्जुन नकुल सहदेव
संग बलशाली भ्रात विकोदर!

सुनकर ठिठके कर्ण बैठ गये
ह्रदय धड़क रहा था!
हाय री नियति! कैसा भाग्य?
स्वयं को कोस रहा था !

बोलो कान्हा! हैं कोई जग में
मुझसे बड़ा अभागा!
कुंती मेरी मात हे! कान्हा!
किस कारण मैं त्यागा!

कुंवारी माँ के पुत्र जो ठहरे-
डर गयी बुआ कुंती!
दिया बहा नदी में तुझको
हो गयी भारी गलती!

कारण मान-सम्मान जुड़ा था
कुंवारी मात जो ठहरी!
बात राज की हैं ये कर्ण-
नियति लिख गई गहरी!

    सोचो कितना कष्ट मात को
    जब लाल बहाया जल में!
    सौ-२ मौत मात ने देखी
    कंटक चुभते अन्तर्मन में!

मेरी मानो चलो इसी क्षण
पाओ सम्मान पांडवों से!
दुष्ट मित्र को तज कर
जी लो जीवन बिन तांडवो के!

    नहीं तजू मित्र को अपने
    मैं आजीवन ऋणी रहूंगा!
    यह रहस्य न उजागर होने दो-
    जीवन भर संताप सहूंगा!

विनती मेरी हे! गोपाल!
न जिक्र करो मेरे भाईयों से!
धर्म मार्ग के पथिक वे ठहरे
गुजरे असंख्य कठिनाईयों से!

    इतना निर्बल जीवन में नहीं
    अपने के मैंने पाया!
    मैं तरू की वह शाखा हूँ-
    जिसे तपन लगे स्वयं छाया!

संभलो कर्ण, न विचलित हो!
तुम शूरवीर इस जग के!
मत तजो मित्र को अपने
पर रहो धर्म के पथ पे!

    न तजे चंदन शीतलता
    लिपटे कितने ही भुजंग!
    संस्कारी मानव यदि हो
    उसपर असर न करे कुसंग!

मित्र वही है,जो निःस्वार्थ हो
मित्र बाँह रहे पकड़े!
नहीं भय पाप-पुण्य का
न कोई बंधन इसे जकड़े!

    क्यू तजे मित्रता कोई-
    क्यू ले कलंक सिर-माथे!
    दिन मित्र की सेवा में बीते
    और मित्र पर बलिहारी रातें।

ये साँसें मित्र की रहे सदा
मेरा इन पर अधिकार नहीं।
वो मित्र ही क्या? अपने हित
जो मित्र तजे! यह सही नही।

    मित्र ने मुझको मुकुट पहना!
    प्रदान किया जीवन गहना।
    सुख मिले या पड़े दुख सहना-
    गोविंद!मित्र मुझे नही तजना।

चिंता है यही,निष्काम लड़ू!
मित्र के लिए यदि प्राण तजू।
मुख पर न हो,कोई खल रेखा
मित्रता पर जग न करे शंका।

कितने ही जीवन वारो तुम!
कितने ही उपकार करो!
जो मित्र खड़ा हो धर्म-विरूद्ध
कर्ण! उसका कैसे उद्धार करो।

सुनो कर्ण! अब मेरी सुनो!
मैं तेरा शुभचिंतक हितकारी हूँ।
न रहो दुर्योधन पापी संग
मैं पथ-निर्देशक गिरधारी हूँ!

यश अपयश,मान-सम्मान सदा-
हूँ साथ मित्र संग मिले नरक यदि!
पाप-पूर्ण,यदि रहें मित्र कर्म-
मैं कर्ण, प्रण से न डिगू कभी।

बने तिमिर में शशि सदृश
मित्र सदा वह कहलाएं!
यश-अपयश में रहें संगी
वो सत्य सखा फिर कहलाएं!

स्वयं सखा हे! नारायण तुम भी
क्यू दरिद्र विप्र गले लगाएं!
धन-वैभव नहीं आधार मित्रता
का, जो कभी आड़े आएं!

दीन-हीन मित्र यदि हो-
सहर्ष सहायक बन जाएं!
विश्व जानें, फिर ये मित्रता-
स्वर्ग का पान कराएं!

    किया आंलिंगन नारायण ने
    कर्ण गदगद हो बोले!
    धन्य हुआ मेरा जीवन अब-
    सचमुच बंद चक्षु मेरे खोले!

मिला कर्ण को परिचय अपना
मन आज अति द्रवित है!
गाँठ बाँध ली जीवन-भर रहूं
मित्र का, अन्य गठबंधन वर्जित हैं!

    न भाइयों से, न माता से
    मुझे तनिक स्नेह नहीं है।
    जीवन गिरवी है मित्र के-
    धरती का परम स्थान वहीं हैं।

हैं दुखी कर्ण आज मन कुंठा में-
करता मनन क्या जीवन मेरा?
जब-जब सुख-पल आते-
जीवन में,शनि बढ़ाते संकट मेरा!

    कितना सूनापन जीवन में
    मैंने कितनी सही कठिनाई।
    सूतपुत्र की ध्वनि से मुझको
    देती सौ-सौ मौत दिखलाई!

शूरवीर था,सूर्य-सुत ठहरा
ताप सहन करना कर्ण!जाने!
डटकर किया सामना दुखो का-
नियति ने जब-जब भेजे द्वारे।

व्यास-धृतराष्ट्र मंत्रणा

शुक्ल पक्ष की वह तिथि चौदहवीं-
था अगहन मास,हुई शरद ऋतु प्रारंभ।
धनुष-सद्दश नक्षत्र-मृगशिरा उदित हो,
तब कुरूक्षेत्र-भूमि पर युद्ध करे आरंभ।

हक पाने को अपना,
रण-भूमि बनी सार्थक।
कौरव-पांडव फिरे खोजते
अपने लिए उचित समर्थक।

कौरव पक्ष से भूरि-श्रवा,
शल्य,भग-दत्त व सुश्रुमा।
विंद-अनुविंद, अलंबुष,
श्रुतायुद्ध और महारथी कृतवर्मा।

कंबोजराज, सुदक्षिण संग-
वृहदल खड़े थे रण में।
गुरू द्रोण व पितामह,
जो युद्ध खत्म करे क्षण में।

अश्वस्तथामा,जयद्रथ संग-
महारथी कर्ण युद्ध अभिलाषी।
अरि अर्जुन को माना जिसने,
वर्षों से नींद जिसे न आती।

    पांडव दल में राजा विराट
    द्रुपद और अनूपराज नील।
    शैव्य,उत्तमौजा और कुंतिभोज-
    के संग सात्यिक श्रेष्ठ महावीर।

चेकितान,धृष्टकेतु और पुरूजीत
सभी पांडव-शान बने थे।
देकर नारायणी सेना दुर्योधन को-
श्रीकृष्ण रण-भूमि बीच खड़े निहत्थे।

    ईधर हस्तिनापुर से महर्षि व्यास
    वन को गमन करते है।
    धृतराष्ट्र की इच्छा का
    एक सरल प्रबंध करते है।

दे संजय को दिव्य-चक्षु
अब युद्ध देखो घर बैठे।
अपनी करनी का फल,
पुत्र! चखो महल बीच बैठे!

    पुत्र-मोह का मारा था,
    सिंहासन उसे अति प्यारा!
    अपने अनुज का हक मारकर,
    धृतराष्ट्र आज खड़ा है हारा।

निर्णय-शक्ति के अभाव में,
वंश मिटने को सारा।
कैसे राज्य बाँटता उसका,
जो है इन अंधनयनों तारा।

        हे!संजय! परीक्षण कर लो,
        दिव्य-चक्षु क्या कहते है?
        कुरूक्षेत्र ले जाओ मुझको-
        देखो! कौन-२ वहाँ लड़ते है।

मैं देख रहा हूँ,महाविनाश की-
रक्त-भरी विशाल सरिता को।
मानो विश्व के समस्त प्राणी-
उमड़ पड़े हो पूरी करने अरिता को।

        एक तरफ खड़ी ग्यारह अक्षौहणी सेना
        सात अक्षौहणी पांडवों के साथ।
        कुरूक्षेत्र सजा खड़ा,बीच धूप सुनहली
        मानो वीरों की आने वाली हो,बारात।

सज्ज खड़ी मौत अब दुल्हन सी
हर्षित है,अब पिया मिलन होगा।
माताऐं रोऐंगी सुत खोकर जब-
विधवाओं का नित मरण होगा।

        कितने बालक अनाथ होंगे! राजन!
        कितने सिर धड़ से अलग होंगे।
        जब-जब रक्त धरा पर गिरता-
        सबके उत्तरदायी राजन तुम होगे।

सीख न दो! संजय अब मुझको
यह तुमको शोभा नही देता है।
राजा हूँ मैं तेरा,याद रख संजय!
क्यू मुझे क्रोधित करता है।

        दृष्टि लगाओं प्रिय दुर्योधन पर
        देखो कहीं वह व्याकुल तो नहीं?
        खड़ा देख रण-भूमि में पांडव-
        मेरा दुर्योधन भयभीत तो नहीं।

भयभीत नहीं है,अतिआत्मविश्वास
में....वह पितामह से झगड़ रहा।
नियम बताते भीष्म पितामह को-
युद्ध आरंभ करो! वह कह रहा।

        वीर पुत्र है, युद्ध कुशल अति-
        प्रिय दुर्योधन युद्ध लड़ना जानें।
        गुरू द्रोण व पितामह के होते-
        पांडव कदापि विजय ध्वजा ताने।

संजय नित युद्ध-भूमि के दर्शन
धृष्टराष्ट्र को,दिव्य नेत्रों से कराते चले।
कभी शुभ-सूचना, कभी दुख की घटना
कभी हर्ष तो कभी राजन को रूलाते चले।

युयुत्सु-दुर्योधन संवाद

अठारह अक्षोहिणी खड़ी है
रण में,गिद्ध मंडराते बीच गगन।
मानव ही मानव को डसने-
सज्ज हुए शिक्षित सज्जन!

शियार-भेड़िऐ खड़े दॉव में-
शीघ्र मिले मानव का मांस!
अंतःपुर में दुःखी जननियाँ...
पल-पल खोती अपनी श्वास।

स्वर्ग-वातायन से, कुपित पित्रगण
अब पाते स्वयं को अति अधीर!
धर्म-अधर्म की समर बेला पर
देवों की दृष्टि अति गंभीर।

दसों दिशाऐं शांत दिख रही
मानो खोज रही कोई हल!
क्रंदन-रूदन भीषण चीत्कार
रोकने, क्या आएगा कोई सबल।

तभी उद्घोष गूंजता, कुरूक्षेत्र
की,बंजर-बीहड़ भूमि पर ।
असंख्य शंख व रण-भेरी-
बजने लगी, रण-भूमि पर।

      पर यह क्या? क्यू युद्धिष्ठर बढ़ चले-
      पैदल ही बीच दोनो सेनाओं के!
      कर नमन पितामह को धर्मराज
      चढ़ मचान फिर ये बोले!

अंतिम अवसर हैं,वीरों-सैनिकों-
अब भी समय हैं, तुम ये सुन लो!
धर्म खड़ा हो जिस ध्वज नीचे-
इस पल ही तुम उसे चुन लो!

      इतनी सुनकर कौरव-दल से-
      एक महावीर निकला आगे!
      बोला हाथ-जोड़ धर्म से-
      क्या मैं तुम्हारे योग्य राजे?

मुझको साफ दिख रहा भ्राता
कोई देखे या न देखे!
मेरा शौर्य सुपुर्द आपके-
चाहे कुलघाती मुझे जग देखे!

      कुपित दुर्योधन चीख कर बोला
      तुम तुच्छ!नही अब भाई मेरे!
      जाओ पांडव खेंमें में कायर-
      दासी पुत्र जो तुम ठहरे!

देख नही सकते क्या तुम?
कौन महारथी मेरे दल में!
चार पहर नही टिक पाओगे-
शरण ले रहे हो जिस दल में।

    भाई भाई से दगा करें जो-
    वह दुश्मन से बढ़कर हैं!
    घाव सड़ता अंग यदि तन पर
    उसे काटना श्रेयस्कर हैं।

तुम वो बेल धृतराष्ट्र-तरूवर
की-चढ़ पनपे परजीवी बन।
चूस द्रव्य कुपोषित करती-
स्वयं अपने पालक की जड़।

    सोचो पिता यदि यहां होते
    तब भी तुम यह कर पाते!
    क्या द्वेष हैं,मुझसे बोलो!
    क्यू दुश्मन प्रीत में हमें भूले जाते।

कोई द्वेष नहीं हे! भ्राता! परंतु
तुम नयन होते भी, हो अंधे!
पिता जन्म के अंधे हैं-पर
तुम जानकर भी हो अंधे।

    हक हैं जिनका, लौटा क्यू नहीं देते?
    क्यू मानव हंता बनते हो!
    अपनी चाहत मे क्यू भ्राता कोटि
    कोंखें रिक्त करते हो।

धर्म-अधर्म में भेद जान लो
फिर देखो सुख कितना हैं।
इस भूमि पर काल मंडराता-
क्या दुर्योधन नहीं दिखता हैं?

        मैं देख रहा हूँ,नंगी आँखों से-
        कितनी विधवा नारी होंगी!
        कितने बालक अनाथ होंगे व
        कितनी बहिनें बिन भाई होंगी!

चार दिनों की ब्याहता भ्राता-
जब सुहाग श्रृंगार हटाएगी!
माताएँ सुत खोकर, जब भ्राता
आँसुओं की नदियां बहाएँगी।

        कितने विकल अंगो को होंगे-
        कितने ही मरणासन्न होंगे।
        मानव-शव के ढेरों पर जब-
        चील गिद्धों के मंडराते झुंड होंगे।

कायर हो युयुत्सु! तुम भाई -
कदापि नहीं हो सकते।
डरे हुए हो तुम युद्ध से-
तुम सच्चे महावीर,नही हो सकते।

        बीच-बचाव में आए पितामह-
        बोले मैं भी यही करता!
        बंधा हुआ हूँ,वचन मात के-
        नहीं तो मैं भी पांडव-दल चुनता!

गूरू-द्रोण बोले! हे! वत्स हम सब
किसी कारण वश हैं इस दल में!
जाने दो युयुत्सु को.. न रोको
वह न फंसेगा इस दल-दल में।

गले लगाया युद्धिष्ठर ने..
बोले! युयुत्सु तुम धर्मी हो सच्चे!
जाओ सँभालो मेरे शिविर को
तुम रसोई प्रबंधक हो अच्छे।

आज्ञा पा वह लौटे शिविर तक
अब शुरू होने को हैं युद्ध!
सूर्य चमकता जो दिख रहा
अब पल-भर में होगा क्षुब्ध!

कठिन घड़ी हैं पर निश्चित था
यह सब, न टाले टलना था!
बीच समर-बेला में एक छलिया
मुस्कराता, यशोदा का ललना था।

जान गया था, धर्म को लाने
रण का प्रारंभ, न सरल था!
पर लक्ष्य धरा पर उसके होते
इतना भी नहीं जटिल था।

काल का पहिया सतत घूमता
अभिलाषित नव इतिहास लिखने।
शौर्य,पराक्रम,साहस, बलिदान पर
नयी गाथा "महाभारत" लिखने।

गीता-उपदेश

रण का आरंभ होने को है-
सब सज्ज है,अपने दल बीच।
शस्त्र-अस्त्र ले महारथी रथ पर-
खड़े है धनुष-प्रत्यंचा खींच!

इसी बीच अर्जुन विचलित से
कान्हा से बोले हो गंभीर!
किससे-क्यूकर मैं लड़ू-नारायण!
कुल का शोणित बहे बीच शरीर!

कोई पितामह, कोई गुरू
व भ्राता,कोई काका व ताया!
किससे युद्ध लड़ूंगा मैं, केशव!
क्या वंश मिटाने मैं आया?

नहीं लड़ सकता मैं भतीजों से-
नही हनन भ्राताओं का कर सकता!
एक भूमि के टुकड़े हेतु! गिरधारी!
मैं कुल-हंता नहीं बन सकता।

कर काँप रहे हैं...मेरे कान्हा!
गांडीव धारण में हैं अति बाधा।
अपने प्रियजन जब अरि बने हो
मुझसे धनुष नहीं जाए साधा।

      शरीर हो रहा निर्बल गोविंद!
      रोम-रोम मेरा अब कंपन करता।
      वजनी लगे तूणीर कंधों पर
      मन-मस्तिष्क भी लगे थकता!

शत्रु विजय पर गर्व मिले..किंतु-
अपनों की हार पर गर्व करूँ?
नहीं चाहिए ऐसी जीत मुझे रण में
अपनों को खोकर हर्ष करूँ।

      मुझको रण नहीं चाहिए कान्हा-
      कोई उचित युक्ति हो? बतलाओ।
      अपने अपनों के हाथ मरे!
      क्या यह सही है, बतलाओं?

आतातायी कोई यदि मारे!
तो पाप न उसको शास्त्र मानें।
स्वजन हनन पाप-पूर्ण कृत्य-
जगत का,साधारण जन भी जानें।

      कुल में पाप-वृद्धि होने पर-
      कुल-वधु पथ-भ्रष्ट हो जाएंगी।
      उन वधुओं से उत्पन्न संतानें,
      हे केशव! वर्ण संकर कहलाएगीं।

कुलनाश फिर होगा और पितर-गण
बिन तर्पण पतन के भागी होंगे।
जाति-धर्म, कुल-धर्म मिटेगा-
केशव! पांडव पाप के दोषी होंगे।

    बोले अर्जुन! हे! नारायण!
    मेरा मार्गदर्शन शीघ्र करो।
    किस काज से अवतरित धरा पर
    मन में उपजे बवंडर को हरो।

किस काज को पूरण हेतु-
मैंने धरा पर ये जन्म लिया।
कैसे किसकर मैंने गिरधर!
अपनो को अरि मान लिया!

    रक्त बहाकर पाया राज्य-
    क्या हमें लाभकारी है!
    कुल की बलि चढ़ाकर पाई-
    राजगद्दी,कितनी शुभकारी है?

किसका हनन या वध करूं मैं!
किसके हृदय पर घात करूं!
गोद खिलाया था जिन्होंने-
उनपर मैं कैसे वार करूं?

    मामा-ताया-चाचा-जीजा
    वे नर जो सम्मान के पाती!
    उनके शोणित बहा भूमि पर
    क्या ऐसी वीरता मान बढ़ाती?

नहीं चाहिए इस पार्थ को गौरव,
कान्हा!तुम यदि हो मेरे हिमायती।
रोक सको तो रोक लो रण को-
मुझको दिखे प्रलय सी आती।

    मंद-मंद मुस्कान लिए प्रभु-
    बोले पार्थ न विचलित हो।
    तुम कौन हो! इस धरा पर
    अपनी स्थिति को समझो!

मैं भी,तुम भी और वे सब ही
जो-जो यहां हैं खड़े हुए।
आज काटने फसल कर्मों की
सारे यहां है एकत्र हुए।

    पूर्व जन्म में कौन थे तुम?
    क्या मुझको बतला दोगे।
    इस जन्म में मरकर तुम-
    किस योनि मे फिर जन्मोगे।

आत्मा-चेतन, तन जड़ हैं!
शरीर आवरण आत्मा का।
तन नश्वर,आत्मा अजर है-
साक्षात्कार करे,परमात्मा का ।

    आठ भेद की मेरी जड़ प्रकृति
    जो कहलाती है अपरा।
    दूजी जीवरूपा प्रकृति जो मेरी-
    सुनों अर्जुन!कहते उसे चेतन परा।

चलो बताता हूँ, मैं तुमको-
जीवन का क्या उद्देश्य..तुम्हें!
मृत्यु-लोक एक परीक्षा गृह है!
देना होगा यहाँ इम्तिहान तुम्हें।

      कर्म-प्रधान लोक ये धनंजय!
      उत्तर यहाँ कमर कसकर देना!
      कर्मफल की मटकी में! पार्थ!
      कर्मों को यहाँ मथना होगा।

आज सिखाता पाठ तुम्हें जो
स्वयं सूर्यदेव हैं सुन चुके!
गीता पाठ अति-अद्भुत हैं-
अर्जुन! रखो कर्ण-खुले!

      दिव्य-ज्ञान इस जगत का
      मैं तुमको बतलाता हूँ!
      सजग ज्ञानेंद्रिया रखना पार्थ!
      जीवन सार सुनाता हूँ।

चरण वरण कर अर्जुन बोले!
प्रभु सूर्यदेव ठहरे अति पुरातन!
कैसे मुखारविंद से आपके
सुन सकते वह ये ज्ञान-धन।

      सुनो पार्थ! मैंने व तुमने कितनी
      ही बार धरा पर जन्म लिया।
      मृत्युलोक वह विद्यालय है-
      जिसमें आत्मा ने प्रवेश लिया।

अर्जुन बोले! हे! कमलनयन!
तुम विस्तार से मुझे समझाओ!
आत्मा क्या है? क्या मैं भी-
आत्म-अंश हूँ? विस्तार से बतलाओ!

कृष्ण! बोले! सुनो धनंजय!
आत्मा अजर अमर है!
अनवरत लेती जन्म धरा पर
मोक्ष से सतत समर है।

न शस्त्र हनन करे कभी इसका-
न विनाश करे अनल है!
न भिगोता जल इसको-
ना सुखाए पवन चंचल है।

धर्म स्थापना का काज श्रेष्ठ-
जो तुमको ही निमित्त बनाए।
प्रभु ईच्छा के वश अर्जुन तुम
इस मृत्युलोक पर आए।

कर्म-प्रधान यह मृत्युलोक-
कर्म पर अधिकार तेरा हैं नर !
फल की इच्छा न कभी तू कर
यह मेरा हक..दू फल या करूं निष्फल!

कर्म सुमार्ग के यदि होंगे!
ईश्वर उन पर अति प्रसन्न होंगे!
धर्महित काज ईश्वर अति प्यारा!
बिन जप बिन तप होत ऊद्धारा।

जब-जब होती धर्म की हानि!
तब-तब मैंने अधर्म हनन की ठानी!
तुमको मैंने निमित्त बनाया!
तेरे पक्ष में मैंने धर्म को पाया!

      अब भी कोई संशय...हे! पार्थ बताओ!
      स्वयं को न अधीर तुम पाओ!
      मैं तुम में, हर कण-कण में
      हर सजीव विचरते प्राणी में!

उपलब्ध हूँ,मैं समग्र तत्वों में!
विचरता,अणु के नाभिक में!
चींटी में हलचल मेरी हैं!
हाथी में शक्ति मेरी हैं।

      हर फूल सुगंधित मेरे रज से!
      हर लता लहराए मेरे बस से।
      नदी सरोवर झरना या सागर!
      हिमखंड बने सब मेरे कारण।

मैं हिमालय,मैं ही सतपुड़ा
मैं सुमेरु, अरावली पर्वतमाला।
मैं नभ में, मैं तला-तल में
मैं बसता हूँ, समुद्र तल में!

      सब जीवों का हूँ,मैं पालक!
      इस कालचक्र का,मैं चालक!
      तुम जब जब नाम रटो मेरा।
      तब-तब तुम साथ पाओ मेरा!

शास्त्र हूँ मैं व अस्त्र भी मैं!
वस्त्र भी मैं, अक्षय-पात्र भी मैं।
जो जो आँखों से पार्थ देखो!
हर वस्तु में तुम, मुझे देखो।

       सूर्य-चंद्र का प्रकाश हूँ मैं!
       इस अनंत व्योम का आधार हूँ मैं।
       धरा पर पवित्र सुगंध मुझसे-
       ज्वालामुखी में धधकता तेज भी मैं।

बुद्धिमानों की बुद्धि मेरे कारण-
रजोगुण तमोगुण मेरे कारण।
सतोगुण दाता मैं ही हूँ! सुनो पार्थ!
मानव चरित्र निर्माण मेरे कारण।

       मैं रोगों का कारक हूँ!
       सब रोगों का संहारक हूँ।
       बोलो पार्थ अब क्या संशय?
       लड़ो युद्ध! अब क्या कोई भय?

तत्व-ज्ञान का पान किया है!
मैंने जितना तुम्हें ज्ञान दिया हैं।
अब उठो! पार्थ! गांडीव पकड़ो!
धर तूणीर कंधों पर, अब अकड़ो!

       अरि मर्दन धनंजय तुम्हें करना हैं!
       धर्म-स्थापना पार्थ अब करना हैं।
       जो अधर्म के संग खड़े है यहाँ-
       उन सबका हनन तुम्हें करना हैं।

पार्थ बोले! कर जोड़,हे! नारायण!
अब अपना सत्य तुम दिखलाओ!
मुझ भक्त पर कृपा कर-हे!दयानिधे!
अपना सही स्वरूप अब दिखलाओ।

काल ठहर गया और पवन थम गयी-
हर जीव दिख रहा सोया-सोया।
नदी बहाव रूका,समय पहिया भी थमा
कूरूक्षेत्र लग रहा अब खोया-खोया।

पार्थ की आँखें फटी रह गयी-
प्रभु विराट रूप जब सन्मुख पाए।
जीवन धन्य हुआ नारायण अब मेरा
मैंने जो आज अलौकिक दर्शन पाए।

मैंने पाया परम ज्ञान प्रभु अब-
समर विजय में न बाधा आए।
अब लड़ू युद्ध ...जो है धर्मयुद्ध...
प्रभु! चाहे अपने ही आड़े आए।

कृष्ण-अर्जुन वार्तालाप

हे! कमलनयन! हे! मधुसूदन!
मैं शरणागत! तुम रक्षक मेरे।
हे! गिरधारी! सुदर्शन चक्रधारी!
असहाय अशक्त के सहायक मेरे।

      जान लिया मैंने हे! त्रिलोकीनाथ!
      तुम सृजक पालक व संहारक हो!
      जब-जब कोई स्मरण करता-
      हे! पद्मनाभ! तुम उसके उद्धारक हो!

धर्म-युद्ध में हे! केशव तुम!
सदैव निर्देशक बने रहना।
नहीं मृत्यु का भय अब, हे! माधव!
धर्म से विमुख न होने देना।

      कठिन राह कुरूक्षेत्र की ठहरी-
      हमको मार्ग दिखाते जाना।
      प्राण अपनों के लेते कर कांपे
      मनोबल बनवारी! बढ़ाते जाना।

विनती यही हे! योगेश्वर!
हम पांडव जो तेरे शरणागत!
कृपा-दृष्टि रहे सदा हम पर-
यह जन्म धन्य हुआ,तुम्हें पाकर।

    हे! गिरधारी! हे! पूर्ण-परब्रह्म!
    हे! छलिया! सुन नाग-नथिया!
    मुझे अपनी शरण में ले लो नाथ-
    जीवन धन्य करो, हे! ब्रज-बसिया!

हे! गोविंद! तुम कंस संहारक हो!
याचक के कष्ट निवारक हो!
भक्त के मन की सुन,देवकीनंदन!
पीड़ा हरते पल में,मनमोहन।

    अर्जुन की सुन कान्हा मुस्काए!
    धनंजय को अपने गले लगाए!
    बोले! हे! अर्जुन तुम भक्त मेरे-
    सारे धरा पर जो-२ कष्ट तेरे-

उनका तनिक न ध्यान करो!
यह धर्मयुद्ध है, तुम युद्ध करो!
सारा जग रहे तेरा साक्षी!
मुझे लोग कहेंगे पार्थ-सारथी!

    सोचो यह कितना प्रियकर होगा!
    मेरे नाम में तेरा प्रयोग होगा!
    मैं सदैव तुम्हारा शुभचिंतक!
    मैं प्राणपालक! मैं जगहंता।

अब लड़ो! अपनी सर्वशक्ति से-
मैं अत्यंत प्रसन्न तेरी भक्ति से!
ऐसा अर्जुन तुम युद्ध लड़ो!
छोटे हों या वृद्ध, तुम युद्ध लड़ो।

यह धर्मयुद्ध है, याद रखना!
अधर्मियों को है अब मरना!
मैंने धर्म-स्थापना की ठानी है।
यह बात युगों तक जानी है।

अर्जुन सा न वीर कभी होगा!
मैं सत्य कहूँ, जब तक सूर्य होगा।
सब अर्जुन तेरा यशगान करेंगे।
नवभारत का अभिमान कहेंगे।

तुम ईट नीव की रख रहे!
ताकि ये भवन खुशहाल बने।
सब सुख की यहां साँसें ले!
समग्र विश्व नीड़ बन फले-फूलें।

युद्ध का प्रथम दिवस

प्रथम दिवस आज युद्ध का
तीनों लोक हैं कांप रहें।
दोनो पक्ष सज्ज युद्ध को-
परस्पर व्यूह को भांप रहें।

      पांडव चुनते वज्र-व्यूह को-
      पितामह का औरमी से प्रहार।
      वज्र लील गया कौरव व्यूह को
      जैसे अगस्त्य मुनि ने पारावार।

रथी से रथी लड़ रहे! देखो
अतिरथी बने सेना का काल।
महारथी लड़ते मानो देव टूटते-
राक्षस सेना करे त्राहिमाम।

      तलवार कटार साल गोफिया
      संग सैनिक ले कुठार कुदाल!
      अंकुश तोमर निषंग व ऋष्टि
      हर सैनिक कर एक मन की ढाल।

रथ को रथी के खींचे एक बाजि
अतिरथी रथ को दो तुरंग!
महारथी रथ चार हय खींचे-
पहुँचें लक्ष्य तक,न करे विलंब।

अभिमन्यु ने रोका रथ भीष्म का-
हुए पितामह अति प्रसन्न!
इस उम्र में हे!वीर अभिमन्यु-
तेरा युद्ध-कोशल करता दंग।

धन्य हैं पिता और माता तेरे
पाकर ऐसा वीर पुत्र।
वाह! री! नियति ये कैसा बदला!
मुझसे लड़े मेरा ही प्रपौत्र।

तुम सुकुमार हो अभिमन्यु!
न आओ मेरे रथ समीप!
मैं तुझसे नहीं लड़ सकता-
न करूं पितरों को कुपित।

बोले! अभिमन्यु! हे! पितामह!
यह रण-भूमि एक न्यायालय!
न्याय से विमुख रहें सदा, लड़ो अब-
ये युद्ध-भूमि हैं-न कोई विद्यालय!

ज्ञान देना था विगत काल में
जब न्यायी बेबस दरबार खड़े थे।
पाँच गॉव भी प्रिय पोते को-
बोलो पितामह अधिक लगे थे।

कुपित पितामह कर छलनी -
बढ़ अर्जुन की ओर चले!
सेनाएँ धराशायी करते भीष्म-
रण-भूमि में बन काल खड़े।

      भीष्ण युद्ध किया पांडवों ने
      कौरव अब अति भयभीत हुए!
      हाथी अश्व हताहत होकर
      पैदल सेना को कुचल रहें।

शल्य ने निशाना बना युद्धिष्ठर
भाले से भीषण वार किया!
उत्तर ढ़ाल बन आगे जो आया
भाला शरीर के आरपार हुआ।

      वीरगति को पाकर बालक
      युद्ध का प्रथम बलिदानी बना।
      उत्तर-श्वेत पुत्र खोए विराट ने-
      पांडव-दल में मातम घना।

धर्मयुद्ध की वेदी में, देकर आहुति
राजा विराट तनिक न विचलित था।
शाम हूँई, सूर्य लगा छिपने-
कौरव-दल अति प्रसन्नचित था।

      घायल सैनिक उपचार गृह में
      कराह रहे अंग भंग पाकर!
      अश्विनी कुमार से पाई शक्ति से
      नकुल-सहदेव पीड़ा पर विजय पाकर!

करते उपचार क्षण-भर में-
सैनिक थे अति प्रसन्न वहाँ।
सज्ज युद्ध में कल जाने को
सैनिक हो रहे विकल वहाँ।

    सेवा-भाव पांडव दल बीच
    भावना से परिपूर्ण शिविर था!
    प्रेम स्नेह करूणा बंधुत्व का-
    यह एक सुखमय विविर था!

भीष्म-शैय्या

युद्ध बढ़ चला दिवस है दसवाँ-
आज किसी को रण-हीन होना!
स्वयं बताए रहस्यहित-भीष्म को-
शर शैय्या पर सोना होगा!
नौ दिनों से युद्ध में पांडव दल-
बेबस अपने को पाता है।
प्रौढ़ पितामह पांडव सेना पर-
बन यमराज बरसता है।

   युक्ति बताई, नारायण ने
   भेज युद्धिष्ठर भीष्म के पास!
   विजयी भव का आशीर्वाद पाकर-
   किंतु धर्मराज थे अति उदास!
   बोले! हे! पितामह! विजय मिलें नहीं-
   जब तक आप रण-भूमि बीच।
   हमको लक्ष्य छूटता दिखता-
   हमसे विजय-श्री गयी अब रूठ!

मधुर मुस्कान भर पितामह बोले!
विजय-सूत्र धर्म है तेरे दल बीच!
अतिरथी शिखंडी को लाओ-समक्ष
कल रण में, मैं लू अपनी आँखें मीच।
कहो अर्जुन से, न वह हिचकिचाए!
यदि विजय चाहिए कल रण में!
दीवार बना मैं खड़ा कुरूक्षेत्र में-
करे समापन मेरा क्षण में।

      आज्ञा पाकर लौटे युद्धिष्ठर
      पर दिख रहें अति विचलित से!
      बता योजना रण की सबको
      पांडव नयन सजल थे।
      बचपन में गोद खेले थे जिनकी
      उनका स्वयं-हाथ हनन होगा!
      धर्म-युद्ध हैं, परिवार-विरूद्ध
      पितामह हनन करना होगा!

बोले नारायण! चिंतित तनिक न हो
यह सब-कुछ निश्चित हैं।
पूर्व-जन्म की अंबा का प्रतिशोध
वीर शिखंडी बन नियत है।
जाने-अनजाने किये कृत्य
सब काटने होंगे सब नरों को!
कर्मों का फल मिले धरा पर
याद रहें कर्महीन या कर्मवीरों को।

ऊषा उदित पर निर्मल औंस ले
धोने चली रण-पथ की धूल।
वृक्ष धरा पर आज गिरेगा
कूरू ह्रदय में आज सालेगा शूल।
सूर्य दिखता उदित केसरिया
कोई बलिदान होने को सज्ज!
ताप-भूमि का आज अधिक है-
पवन बहे नहीं, स्थिर रथ ध्वज।

रण-घोष हुआ, कोलाहल भारी
रक्त सलिल बन बहता है।
बाणों से नभ पर बादल से छाएं-
नीचे भूमि पर प्राण वह हरता है।
आज अधिक बलशाली दिखते
गंगा-सुत प्रतीत काल समान।
पांडव सेना प्राण गवाती-
क्या शक्तिहीन पांडव महान?

तभी सामने वृद्ध के आए अर्जुन-
बोले पितामह! हो जाओ सावधान!
युद्ध-भूमि पर अंतिम दिवस यह-
मेरे पास है एक समाधान।
विजयश्री हमें आज मिलेगी,
संगी बने वीर शिखंडी महान!
रथ पर देख शिखंडी को,
भीष्म को हुआ अंबा का भान!

धनुष रख रथ पर भीष्म मुस्काएं
किया शिखंडी को प्रणाम।
मैंने जान लिया है, हे देवी!
मैं चुकाऊं तेरे ऋण का मान।
बोले कान्हा बाण चलाओ!
हे! अर्जुन यह सुंदर अवसर!
बाण चले और पार शरीर के
भीष्म न देते कोई प्रत्युत्तर।

        अनगिन बाण पार वृद्ध के-
        अर्जुन विलाप करे जाते।
        एक-एक तीर गांडीव से छूटे-
        अर्जुन विलाप में डूबे जाते।
        गिरे भूमि पर, पर यह क्या?
        भीष्म की बनी शर-शैय्या!
        नभ की ओर नजर भीष्म की
        याद आई फिर गंगा मैय्या!

युद्ध रूका सब दौड़े आए-
अरे! यह सब हुआ कैसे!
सभी विस्मय में, करे कानाफूसी
पर्वत आज धराशायी कैसे!
किस शक्ति से पराजित भीष्म हुए
किस वज्र का प्रयोग हुआ!
पांडव रोते, कौरव रोते!
पितामह यह सब कैसे हुआ!

बोले! भीष्म! सुनो मेरे बच्चों!
मुझको कोई सिराहना दो।
दौड़े दुशासन शिविर तक-
लाने पितामह को तकिया जो!
रोका उसको! बोले हे! अर्जुन!
तुम ही यह प्रबंध करो!
जैसी सैय्या वैसा तकिया
चलो तुम अब उपलब्ध करो!

      गांडीव उठाया अर्जुन ने फिर
      तीर निकाल दिया नभ-छोड़।
      चारो दिशा परिक्रमा करके
      तीर रूका पितामह सिर ओर।
      कोई चिल्लाया! अरे! जल लाओ!
      देखो पितामह हैं, अति प्यासे!
      ठहरो! वत्स प्यास जब बुझेगी!
      मुझको यदि कोई गंगाजल ला दे।

खींच प्रत्यंचा गांडीव की अर्जुन ने-
बाण चलाया उत्तर की ओर!
फूट धरा से पानी की धारा
भीष्म प्यास हीन, थे भाव-विभोर।
धन्य धनुर्धर! अर्जुन वत्स!
मैं तुमसे हूँ अति प्रसन्न!
धर्म-युद्ध का मैं अवरोधक
आज पड़ा हूँ मरणासन्न।

विजय धर्म की सदैव ही होती
अधर्म मिटने में लगे विलंब।
न विलाप करो प्रपौत्रों!
अपनों का खोना हुआ आरंभ!
कितने ही अपने और मरेंगे-
किस-किस पर विलाप करोगे!
शांति-मार्ग से हटकर देखो-
अपने कुल का नाश करोगे।

      कर प्रणाम लौट गये कुल नाती
      भीष्म निहारे, तारों को!
      दूर ग्रह पर पितर-गण दिख रहें-
      नमन कर रहे सारों को।
      वृक्ष धरा पर, पड़ा कराहता
      कोस रहा अपनी शाखाओं को!
      पोषित किया और बड़ा किया था
      मन कुपित, देख इन बाधाओं को।

सोच रहा था अपने यौवन की
कुछ विस्मृत यादों को।
पिता सहलाते सिर को मेरे
उन स्नेहिल बातों को।
सोच रहा था लंबा जीवन
कितना दुःख-कर या सुखमय होता!
वचन देने से पहले यदि सोचता-
तो आज शर-सैय्या पर न होता।

गणना-आकलन आंख बंद
देखो! आज वृद्ध करता है!
विगत कृत्य किए जो उसने-
उनका स्वयं न्याय करता हैं।
आज वर्षो बाद नींद ने घेरा
जो थी उससे विमुख सदा।
महल बीच जो बिस्तर राजसी
उससे अच्छी लगे शर-सैय्या।

सहसा आँख खुली तो पाया
गंगा मात के थे सजल नयन।
माँ ने आंचल उतार उढ़ाया-
पुत्र! यहां बहती शीतल पवन।
माँ को नमन किया भीष्म ने
बोला मिलन मात शीघ्र होगा!
मिलूंगा बैकुंठ पिता और तुमसे
जिस दिन सूर्य उत्तरायण होगा।

ममता थी, छिपाते नहीं छिपती-
हृ्दय-बीच समायी थी।
पड़ा अकेला पुत्र निर्जन भूमि पर-
मात को बात अकुलाई थी।
पवन सरसरी, शरद ऋतु थी-
ये कैसा भाग्य देवव्रत तेरा!
कर शयन-प्रबंध,ओझिल हुई गंगा
रूक न सकी, दुख जो गहरा ठहरा।

आए कर्ण, चरण छू बोले!
सुनो पितामह,हम है गुरू-भाई !
रण-प्रवेश मिला है मुझको
क्या अब भी बात विरोध की आई?
नहीं-नहीं हे! वीर कर्ण सुनो तुम!
मैंने स्वयं ही ये शर्त लगाई।
युद्ध में यदि कर्ण दिखे तो
दूर्योधन न लड़ू, यह बात दोहराई।

जाओ! लड़ो मरो और देखो
कौन युद्ध में है बलशाली।
कौरव-दल के श्रेष्ठ महावीर तुम-
दूर्योधन के मित्र अति गौरवशाली।
करो युद्ध!पर ध्यान रहे इतना-
रण में बैठी सबकी मौत निराली।
रात बितने को है कर्ण! दो पल
सो लो!देखो ऊषा है आनेवाली।

अभिमन्यु-वध

कर निश्चय जो खड़े समर में,
कौन उन्हें फिर जीतेगा!
डटे रहे जो कर्तव्य-मार्ग पर
उन्हें कौन? कब रोकेगा?

       स्वयं पर हो विश्वास जिन्हें
       और लक्ष्य भेदना जानें जो!
       सीख चींटी से पाई और
       गिरकर उठना जानें जो!

वही शूरवीर चढ़ उच्च शिखर-
विजयी पताका लहराते हैं!
उसकी वीरता के आगे अरि-दल
नत-मस्तक हो जाते हैं।

       पांडव कुल के इस महारथी से
       चलो परिचय करवाता हूँ!
       चौड़ी छाती, मस्तक गर्वीला
       वीर अभिमन्यु से मिलवाता हूँ!

शिक्षा-दीक्षा पायी मामा से
जग महारथी कहलाते हैं।
अस्त्र-शस्त्र में अति निपुण है-
कुल का मान बढ़ाते है।

      सुभद्रा-नंदन, कृष्ण भांजे-
      अर्जुन-पुत्र महाबलशाली ये!
      कितने सैन्य-दल करे सामना-
      सबके लिए प्रलयकारी ये!

समय का पहिया घूम रहा हैं-
क्षण-क्षण रचता,नये-नये काज!
दूर युद्ध में उलझे अर्जुन-
पांडव बैठे सारे उदास!

      द्रोण गुरू ने चक्रव्यूह रच-
      कौरव पक्ष को किया सशक्त!
      कौन तोड़ेगा चक्रव्यूह को
      कौन बहाए शत्रु का रक्त!

सभी चिंता में कौन तोड़ेगा?
चक्रव्यूह बना जी का जंजाल!
एक अकेला अर्जुन था काफी
किंतु अरि चल गया गहरी चाल!

      दूर किया पार्थ को कुरूक्षेत्र से
      क्या कान्हा को न था ज्ञात!
      युद्ध परिणाम आज निश्चित हैं
      ज्येष्ठ यदि बंदी होंगे आज!

इतनी सुनकर अभिमन्यु बोले!
काका सुनो अब मेरी बात!
मेरे होते ताऊ यदि बंदी-
मेरे लिए यह मरण की बात!

संकटमोचक बने अभिमन्यु-
बोले चक्रव्यूह दू पल में भेद।
कर लूं प्रवेश चक्रव्यूह में पर
बाहर आने का नही हैं भेद!

मैंने सींखा चक्रव्यूह खंडन
अपनी माता के गर्भ में!
पिता बतलाते मार्ग निकास का
माँ तब पहुंची स्वप्नों के स्वर्ग में!

बोले विकोदर! मैं सज्ज हूँ!
बाहर निकालना मेरा काम!
अरि बना हो चाहे सुमेरु!
पल में कर दू काम तमाम!

वर साहस को चला बलशाली
तन का बढ़ाकर भीषण ताप!
रथ पर मानो काल बैठकर
खोज रहा था कौरव की जात!

कुल की आन पर मर-मिटने को-
चला वीर अब सिंह की चाल।
छोटी उम्र और काम बड़ा है-
चला काटने वह व्यूह का जाल।

कर प्रणाम धर्मराज को-
अभिमन्यु चले,अब सीना तान।
रथ दौड़ा,कौरव-दल विचलित
कौन वीर ये अर्जुन समान!

      संग चले नकुल-सहदेव-विकोदर
      शत्रु पक्ष में मची हाहाकार!
      प्रथम व्यूह को पार किया-
      मौत का तांडव करे पुकार!

व्यूह के अंदर बढ़ चले अभिमन्यु
पर पीछे नदारद पांडव वीर!
अश्व-दल गिरते, गज हताहत
रथी धराशायी,अतिरथी अधीर!

      द्वूजा द्वार रक्षागत लक्ष्मण के,
      लिया अभिमन्यु को रोक वहाँ!
      हुआ युद्ध,समकक्ष जो ठहरे-
      पर दो पल भी वह ठहरे कहाँ!

तोड़ सप्त द्वार व्यूह का,बालवीर
पहुंचा अब चक्रव्यूह के केंद्र बीच!
सभी अचंभित,कौन बाल ये रण में-
किस माता ने ली आंखे मींच!

      कौन पिता? जिसे मोह नहीं!
      क्या किया इसने विद्रोह कहीं?
      कैसे भेजा इसको रण में-
      क्या कंदुक-क्रीड़ा से स्नेह नही!

अति विचित्र बात!हे!शूरवीर
मुख पर तेरे दिखती रेग नहीं!
किस कारण आए हो रण में-
बाल-हत्या हमें पसंद नही!

    बोले द्रोण! कौन तुम बालक
    क्या?भटक आए हो मार्ग!
    जाओ! तुम्हें सुरक्षित कर दू-
    पूर्व दिशा में जाओ भाग!

मां चिंता में तेरी होगी!
जाओ खाओ मीठे पाक!
उम्र नहीं तेरे लड़ने की-
दुध के अभी टूटे नहीं दाँत!

    गुरू-द्रोण! चिंतित तनिक न हो-
    चलो करा दूँ अपना परिचय!
    पकड़ धनुष और खींच प्रत्यंचा
    किया रण-भूमि को अति ध्वनि-मय!

लगे कान फटने महावीरों के
बोले कर्ण यह बालक अति अद्भुत!
मेरी नजर में यह शूरवीर-
हम सबको करेगा अवश्य अचंभित!

    बाण चले तड़ित गति से
    करते चरणों को सतत नमन!
    सुभद्रा-नंदन पार्थ-सुत,गुरूजी
    मैं अभिमन्यु करूँ अभिनंदन!

मामा कृष्ण मेरे गुरू हैं,
पाया मैंने उनसे ज्ञान!
एक-एक कर लड़ो यदि मुझसे
स्वयं हो जाएगा सबको भान!

        कौन लड़ेगा सबसे पहले
        स्वयं बतला दो मुझको आज।
        कल का सूर्य नहीं देखोगे
        मैं बनूंगा उसका काल॥

इतनी सुनकर दुशासन ने
अभिमन्यु पर छोड़ा बाण!
प्रत्युत्तर में दुशासन को
जाते दिखे अपने प्राण!

        संभलो बालक! कर्ण चिल्लाए!
        मेरा तुमको हैं ये जवाब!
        नहीं बचोगे, मेरे शर अनूठे!
        देखो जाओ अब तुम भाग!

बोले अभिमन्यु!रण-भूमि बीच-
शूरवीर नहीं करते प्रलाप!
मैं भी देखूं! किस धातु के।
शर से मुझ पर करो प्रहार!

        बालक समझ न तीर चलाना
        यदि हारे और पश्चाताप करो!
        पूर्ण शक्ति से लड़ना महावीर
        जो सीखा, संपूर्ण उपयोग करो!

मेरे पिता से क्या लड़ोगे?
पुत्र खड़ा जब रण के बीच!
आज सबक मिल जाएगा
तुमको,हार पाओ या फिर जीत!

      हँसकर बोले! कर्ण! सुनो!
      हे बालक!तुम हो मेरे पुत्र समान ।
      आधी-अधूरी विद्या पाकर
      न करो इतना अभिमान!

बढ़ा तूणीर की ओर हाथ को
खींच निकाला भीषण तीर!
चला बवंडर बीच रण-भूमि
अभिमन्यु न तनिक अधीर!

      दिया जवाब! तीर कर्ण का-
      हुआ शमित, सब हो गये मौन!
      कैसे? किस-कर? किया सामना!
      ऐसे तीर चलाता कौन?

बोले! गुरू-द्रोण सुन अभिमन्यु!
मुझसे करो सामना वत्स!
भारी हानि नही मिलेगी-
पर तुमको दूंगा थोड़ा कष्ट!

      दया भाव से गुरुदेव लड़े यदि!
      हार मिलेगी निश्चित आज!
      मैं कोई अबोध नही हूँ?गुरू-वर!
      शूरवीर जगत कहेगा आज!

जीना-मरना नियति जानें-
मैंने ठानी करूँ..अरि का ह्रास!
लड़कर मरा,यदि हाथ आपके
जग करेगा जीवन-भर याद!

        किया प्रहार द्रोण गुरू ने-
        किया अभिमन्यु को हताश!
        रथ हिला,संभला वीर बालक
        बढ़ा तूणीर में अपना हाथ!

चला बाण गुरू की ओर-
सबने कहा! गुरू नहीं बचेंगे आज!
बचे गुरूजी पर छूकर कंधो के
शर दे गया हल्का घाव!

        गुरू अति प्रसन्न हो,बोले!
        पुत्र!मेरा सदैव आशीष तुम्हें!
        युद्ध का जो भी परिणाम
        वत्स हो! सब रखेंगे याद तुम्हें!

मैंने देखा! काल मंडराता
हम सबके रथ के पीछे!
लड़ो! दुर्योधन तुम भी इस
वीर से! क्यू खड़े हो इतने पीछे!

        सावधान!बालक करो सामना
        मैं दुर्योधन! ताया तेरा!
        निकाल प्राण तन से तेरे
        करूँ समाप्त जीवन तेरा!

मैं वीर हूँ, रणछोड़ नहीं हूँ..
दूसरे गुरू हैं..महामहिम दाँऊ!
बच्चा समझ न डराना मुझको
खूब देखे है,बचपन में मैंने हाँऊ।

    सुनो! ताया! मुझे न ललकारो-
    भारी पाप लगेगा मुझको आज।
    पुत्र-हनन किया कुछ पल पहले-
    संग पिता मरण हो,दुख की बात।

तुम्हारे प्राणों पर हक ताऊ भीम का-
उनकी प्रतिज्ञा में,न बाधा लाओ।
कहो महावीरों से प्रहार करे मुझपे-
नहीं तो,प्राण बचाकर भग जाओं।

    बात कटीली, उर को चुभती-
    दुर्योधन ने अब आपा खोया।
    हाय! पुत्र लक्ष्मण! सुत खोकर
    वह बीच रण-भूमि में रोया।

नहीं रहोगे जीवित अभिमन्यु
तुम बुरी मौत अब देखोगे।
करो सामना मेरे क्रोध का
मुझमें अपने काल को देखोगे।

    टूट पड़े कौरव-गौरव! पर यह क्या?
    लहुलुहान हुए! बोले चिल्लाकर!
    कर्ण सुनो! मुझे इस उद्दंडी बालक
    का मस्तक चाहिए,अभी धरा पर!

एक-एक कर सब महारथी द्रोण के
लड़े अभिमन्यु संग, पर सब निराश!
क्रोधित दुर्योधन! बिखरे द्रोण पर
बोले! सब मिलकर करो प्रयास!

    हत्या कर,करो समापन,या डूब मरों-
    एक बालक से पाकर हार!
    मैं रण-भूमि से लौटूंगा तब ही-
    जब तक इसका नहीं करो संहार।

बोले द्रोण पाप लगेगा,और फिर
यह हैं युद्ध-नियम विपरीत?
कार्य सुहाता नही महावीर को
जो छल से पाए ऐसी जीत!

    कैसा नियम?,कौन बनाया?
    जो बनाया-शर शैय्या पर लेता नींद!
    मुझको चाहिए जीत हे! गुरू-वर!
    क्या तुमको भी लगी पांडव प्रीत!

इतनी सुनकर शिराएँ तन गयी
रक्त से लाल गुरू की आंख!
बोले शूरवीरों टूटो बालक पर
पल में करो पांडव-सुत को खाक!

    कृत्य अति पाप-पूर्ण पर !
    मैं दुख-वश कर्तव्य निभाऊंगा!
    ऋणी जनो को,भविष्य ज्ञान देकर
    एक बात कहकर जाऊंगा !

न लेना कभी उपकार-सहायता
न ऋणी कभी राजपुरूष के होना तुम!
जीवन अपना कभी अल्पता में-
न पराधीन कभी करना तुम!

    चले सहस्र बाण वीर पर,
    पर वह सहता,लड़ता सतत रहा!
    गिरा धरा पर,रक्त रण-भूमि पर
    सलिल-धारा बन बह रहा!

रथ से उतरे समग्र महारथी,किंतु-
अब भी साहस ने पकड़ा हाथ!
लिया उठा पहिया टूटे रथ का
किया कौरव-दल से दो-२ हाथ!

    पहला वार किया शकुनि ने-
    दूजा दुशासन करे पीठाघात!
    तीजा वार अश्वस्थामा का-
    चौथा कर्ण ने किया रख सिर पर हाथ!

भर चीत्कार! वीर हँस बोला!
क्या शूरवीर हों तुम इस जग के!
आज इतिहास ने लिख लिए कृत्य-
तुच्छ वीर हो तुम कौरव दल के!

    इतनी कहकर प्राण थे त्यागे!
    पर सिर सब महावीरों के रहें झूके!
    महापाप हो गया हम सबसे-
    महावीर कर्ण सभी से कह बैठे!

अपना वस्त्र लपेट अभिमन्यु पर
बोले! कितने महान हो तुम बेटे!
संसार में सूर्य चमकेगा जब तक
याद किए जाओ,अभिमन्यु बेटे!

    सबने नमन किया वीर को
    जो धरा पर अमर बनकर लेटा!
    केसरी रंग लिए दुखी दिवाकर-
    पश्चिम में,गोद अर्णव की जा बैठा!

शाम ढल गयी! युद्ध रूका पर
चारो दिशा थी खामोशी में।
दौड़े आए पांडव अभिमन्यु तक
कर रहे विलाप,सब बेहोशी में!

    कैसे सामना करें अर्जुन का
    क्या जवाब दे अपने भाई को!
    हम वीरों के होने पर भी-
    मिटा लाल? बात समझ न आई जो!

बात शिविर-पांडव तक फैली-
करने लगे सब भीषण विलाप!
काल लील गया लाल को कैसे?
पूछ-पूछ कर हारी सुभद्रा मात!

    उत्तर मिले नहीं उत्तरा को!
    बहने लगी अश्रु की धार!
    खोकर अपने वीर पति को
    दूर किया वक्ष से सुहागिन हार!

बिलख-२ माँ सुभद्रा,द्रौपदी से-
पूछे! कैसे टूटा रक्षा तार!
मेरे भाई कान्हा के होते-
कैसे कोई हर ले,पुत्र के प्राण!

दौड़े आए, ह्रदय अति द्रवित,
मन बीच मचा था हाहाकार !
खून खौल रहा,जैसे तैल कढाई
सज्ज तलने को पाक-आहार!

देख कर मुख वीर पति के..
सन्मुख बैठी उत्तरा शाँत!
मकरंद निचोड़ अली गटक ले
दिख रही वह,निरीह शरीर समान!

कुपित पिता उठ युद्धिष्ठिर से बोले
किस की करनी, किसका पाप?
शीघ्र बता दो भ्रात मेरे तुम
अरि के कुल का करू संहार!

जयद्रथ बना अभिमन्यु संहारक
द्वार पर खड़ा रहा बन अभेद!
एक दिन का वर पाया शिव से
हम सब बेबस,खड़े निर्निमेष!

इतनी सुनकर दहाड़े अर्जुन!
लिया जयद्रथ के लिए भीषण प्रण!
कल का सूर्यास्त नही देखेगा,
विफल रहा प्राण त्याग दू बीच अनल!

सब दंग, पर प्रसंग कुछ ऐसा
किया वीर को अग्नि-शिखा सौंप!
इधर चिंतित जयद्रथ से दुर्योधन बोला
हे! सैंधव! न खाओ अर्जुन का खौंप!

कल का सूर्यास्त काल बनेगा
गलती कर बैठा,अर्जुन ले प्रण!
सिंधु-नरेश की रक्षा हेतु खेमें में
अभी जिंदा है पराक्रमी गुरू,व कर्ण!

रण का चौदहवाँ दिवस प्रभात
रवि-रश्मियां दिख रही रक्त-समान!
सुनहली ऊषा की बेला में, नभ पर
गिद्ध-चील विचरते अति गतिमान!

आज प्रलय का दिन जो ठहरा
रक्त-सलिल सा बहे,कुरूक्षेत्र में आज!
भीषण संघर्ष मिले देखने रण में
स्वर्ग से आए देव-दर्शक बन आज।

अक्षय तुणीर-अग्निदेव का
गांडीव भरता भीषण हुंकार!
एक बाण के कोटि बाण बन
कौरव-सेना देती अपने प्राण!

दुर्योधन चिंतित! मित्र कर्ण क्या?
भूल गये आज शक्ति अपनी?
नहीं रूका अर्जुन यदि तुमसे
आज बहिन निश्चित विधवा अपनी!

सुनकर वाणी! कर्ण चले!
जा ललकारा अर्जुन को फिर!
बाँध शिला-बाण से कर्ण को
अर्जुन टूट पड़ा सेना पर फिर!

  गुरू द्रौण ने किया सामना
  युद्ध चला अब चार घड़ी!
  दिवस बीत रहा आज तेजी से
  अर्जुन की रवि पर नजर गड़ी!

समय बीत रहा क्यू शीघ्र ये
हे! कान्हा तुम बतलाओ!
न दिखाई देता जयद्रथ!
कोई मार्ग अब बतलाओ!

  कृष्ण बोले! हे! शूरवीर तुम!
  प्रतिज्ञा में हो बंधे हुए!
  गलती तुम्हारी है,स्वयं ही भुगतो
  क्यू कल इतने अधीर हुए!

गीता-ज्ञान दिया था तुमको
पर सब सबक कल भूल गये!
सोच-समझकर लेते प्रण को
जल्दबाजी से ठगे गये!

  लड़ते रहों अधीर न हो पार्थ!
  चलो बाहुबल दिखलाओ!
  लक्ष्य पर ध्यान रखो अभी बस
  परिणाम मिलें,न तुम घबराओं!

दो घड़ी शेष रवि अब दिख रहा
आज कुछ धुंधलाया सा!
देख विवश अर्जुन को फिर
प्रभु ने मायाजाल बिछाया था!

हुआ ओझल रवि घटा में
घट धड़का, कुंती नंदन का!
खुशी की लहर कौरव-दल में
आज कटा हार का बंधन था!

हंसता उपहास उड़ाता सिंधु-नरेश
आया अर्जुन के समीप!
बोला! अर्जुन बदला मिल गया
आज अपमान की मिल गयी सींख!

चोटी काटी मेरी तुमने-
मुझको देकर दंड मधुर!
आज काल का कारण मैं तेरे
न रहा बाप और न ही पुत्र!

नजर अर्जुन की गयी कान्हा पर
जो मुस्काते दिख रहें!
पल में समझे अर्जुन ईशारा
कान्हा ने रवि उबार दिए!

बोले वासुदेव! अमोघ अस्त्र को चुनना
मस्तक धरा पर न गिर जाए!
जिस गोदी में गिरेगा मस्तक
वो वही मरण निश्चित पाए!

लिया तान अमोघास्त्र और
मस्तक काट दिया धड़ से!
जा गिरा गोदी में लीन पिता
के जयद्रथ-सिर झट से!

     राख में मिले पिता-पुत्र अब
     खुशी छाई पांडव दल में!
     बदला मिला वीर अभिमन्यु का
     मातम पसरा कौरव-दल में।

निर्णय शीघ्र किया नियति ने,
तोल तराजु ,दिया सच का साथ!
धर्म-रथ पर सवार व्यक्ति यदि हो-
ईश्वर रखता सिर पर हाथ!

     अधिक कुपित आज दुर्योधन
     खुद को अब निर्बल पाता!
     इतना बड़ा सैन्यदल,किंतु
     पांडव किसकर जय पाता!

लगी सभा कौरव जन सारे
बैठ मंत्रणा करने लगे!
करे रात्रि में आक्रमण
अरि का शीघ्र मर्दन करें!

घटोत्कच वध

उठो लाल सुन हरकारा आया
पिता खड़े तेरे कुरूक्षेत्र के रण में!
अपना हक पाने को पांडव पुकारें-
तू क्यू सोया इस बीहड़ वन में।
जाओ लड़ो और हक दिलवाओ
लाल मेरा तू मेरा अभिमानां।
लड़ना वीर साहसी बनकर
मेरे दुध को नहीं लजाना !
क्षत्राणी-राक्षसी का भेद मेरे सुत
तुम अवश्य जतला देना!
हक तो मेरा भी मरा था..
पिता को अवश्य बता देना!
उनकी बनकर वन-२ भटकू
महल मुझे नसीब कहां!
पर गर्व यही इतना सुत मेरे
मैं उनके जीवन की अमृत रसना!

    वर्ण-भेद पर देखो माते!
    बातें करने का समय नहीं!
    दो विदा मुझे, साथ ये वर कि-
    दुश्मन की अब खैर नहीं!
    मैं दिलाऊं हक अपनों को

समय दिलाए.. हक फिर मेरा!
राजसी-राक्षसी के बीच
झीना-आवरण मिटा डाले साहस मेरा!
जाओ! पुत्र मैं करूँ वंदना
मां चामुंडा करे तेरी रखवाली!
शौर्य दिखाना इतना रण में-
सब पूछें!क्या मात वीर की क्षत्राणी?
छूकर चरण चल पड़े घटोत्कच
नहीं तनिक मात के आंखों में पानी!
मुड़कर देख मात को अपनी
वीर ने मात सम्मान की ठानी!

      हक को पक्का करने हेतु
      सदैव लड़े हैं, कुल के नाती पोते!
      पाते नहीं सम्मान जगत में,जो-
      गृह-युद्ध पर चिर निद्रा मे सोते!
      माँ राक्षसी हिडिंबा,पिता विकोदर
      जन्में हैं जो काम्यक जंगल में!
      आ पहुंचे बीच समर अब, उन्हें
      उबारने जो फँसे बीच दल-दल में!
      हाहाकार मचा कौरव-दल में-
      दी सेना को भारी हानि!
      सारे शूरवीर विफल रहें-
      क्या खूब पिलाया पानी!
      दुर्योधन को पकड़ा मुट्ठी में
      प्राण-बाधा हो आई!
      मित्र कर्ण अब मुझे बचाओ
      नही देता क्या दिखलाई?

करो अस्त्र का प्रयोग अभी-
नही तो मित्र गया धरा से!
युद्ध परिणाम इसी क्षण देखो!
लगे पांडव-दल हंसने!

मित्र अमोघास्त्र का प्रयोग करो
लो बचा प्राण इस राक्षस से!
सांस घुट रही मेरी देखो!
विनय कर रहा हूँ मैं कब से!
बोले! कर्ण! मित्र मैंने यह शक्ति-
शस्त्र अर्जुन के लिए सँभाला!
जिस दिन सामना करूँ अर्जुन का
जाए परलोक वह पांडव प्यारा!
कुपित दुर्योधन बोले! कर्ण
तुम मुझको अभी बचाओ!
कल किसने देखा हैं? तुम
घटोत्कच को मार गिराओ!
मित्र-कथन पर विवश कर्ण ने
किया संधान अमोघ-अस्त्र का!
दिया ह्रदय को क्षीण हिडिंबा-सुत
कर्ण का घात अचूक था!
देख पुत्र को गिरते धरा पर
भीम जोर-२ चिल्लाए!
गिरो शत्रु सेना पर पुत्र मेरे तुम!
शत्रु की एक अक्षौहणी सेना मर जाएं!
हुए हताहत सैनिक, रण-भूमि में!
भीषण मातम सा पसरा हैं।
सूर्य लाल घटा में छिपकर भी
भीम-सुत को नमन करता हैं।

पिता दुखी हैं, किंतु उसने
प्राण बचा लिए अर्जुन के!
शूरवीर हो! अमर रहोगे! पुत्र!
तुम ध्रुव-तारा पांडव कुल के!
कृष्ण नमन करते हैं महावीर!
तुम बलिदानी इतिहास रचा हैं तुमने!
लड़े महारथियों से तुम आज
कुछ ऐसे,काल देखा हैं सबने!
कुल की आन-बान रखी
किया राक्षस-जाति को गौरवान्वित!
युग सदैव पूजेगा तुमको
किए जाओगे सम्मानित!

गया हरकारा दी सूचना-
रोती हिडिंबा करे पुकार!
लाल लड़ा कैसा हे! हरकारे!
मुझको तनिक तुम दो वृतांत!
बोला हरकारा! वीर घटोत्कच
लील गया कौरव की कोटि सेना
लड़ा महावीरों से ऐसे,मानो
इंद्र खत्म करे राक्षस सेना!
सबसे सफल कार्य एक कर दिया
प्राण बचा धनुर्धर अर्जुन के!
लिया खर्च करा स्वयं पर अमोघास्त्र
कर्ण से, खड़े हैं अर्जुन अब निडर से!

आज प्रसन्नचित आर्या! होंगे..
ऐसा पराक्रमी सुत पाकर!
मेरी कोख की लाज रखी-

धन्य हुई मात लाल तुझे खोकर!
नहीं उलाहना मिले मुझे अब
सबके मुख मौन रहेंगे।
जहां स्मारक वीरों का होगा..
उनमें लाल भी शामिल होंगे।
रक्त-रक्त पर न्यौछावर यदि हो-
वही बलिदानी कहलाते!
कुल मान-सम्मान की हानि-
करने वाले,कुल-घाती कहलाते।
ममता रोई, पर शकुन आँखों में
लाल मेरी कोख को रखना याद!
अगले जन्म में नहीं भूलना बेटे!
मुझे ही बनाना अपनी मात।
कर्तव्य निभाया हैं तुने,
रखी तूने मेरी लाज!
जीवन उद्देश्य पूर्ण हुआ सुत मेरे
यह राक्षस-कुल के गौरव की बात।
रंग-भेद वर्ण-भेद के बीच
युगों से खींची थी जो लकीर!
तेरे पराक्रम व युद्धकौशल ने
इस दीवार को दिया हैं चीर!
सिद्ध किया कि वीर व बलिदानी
ऊंच-नींच के नही होते शिकार!
साहस जिनकें अंदर पलता-
वहीं वीरों की कुल व जात।

द्रोण-वध

सन्नाटा पसरा कौरव-दल में-
जब खोए पितामह दसवें दिन।
कर्ण का प्रवेश हुआ रण-भूमि में-
पर सेनापति कौन? लगा प्रश्नचिह्न?

      द्रोण गुरू या अंगराज कर्ण बनें?
      इस पर होता गहन मंथन।
      कर्ण-शकुनि बने निर्णायक
      दुर्योधन,गुरू द्रोण सिर मलते चंदन।

शुभ दिवस था..अति विवश था!
वह ऋषि पुत्र तनिक भरमाया सा।
प्रतिशोध हेतु हस्तिनापुर नगरी में-
अटल प्रयोजन हेतु वह आया था।

      कभी थी द्रुपद से घनिष्ठ मित्रता-
      अब बैर ने पैर किए मजबूत।
      कुरू राजकुमारों का शिक्षक बन-
      वह चला मिटाने अरिता की भूख।

बचपन में तरूण द्रुपद की कही बात-
द्रोण-विप्र न कभी भूल पाया?
जा मांगा मित्र से आधा राज्य-
पर हिस्से अपमान हाथ आया!

    मित्रता..जब शत्रुता में बदले-
    फिर खेल अनोखा होता है।
    था विप्र भी जिद का पक्का-
    वह लक्ष्य बगल रख सोता है।

राजकुमारों को नित शिक्षा-दीक्षा
दे वह लक्ष्य सिद्धि हेतु प्रयासी था।
बना अर्जुन को सर्वश्रेष्ठ धनुर्धर-
आधा पांचाल पाने का अभिलाषी था।

    जीवन-यापन अब सुखदायी-
    पर मन में थी कुटिल वेदना।
    कर शिक्षित राजकुमारों को
    मांगी शिष्यों से कठिन दक्षिणा।

पाकर द्रुपद से आधा राज्य-
गुरू,शिष्यों पर अति हर्षित था।
पर द्रुपद था सच्चा क्षत्रिय-
विप्र से प्रतिशोध हेतु व्याकुल था।

    तप योग से प्राप्त पुत्र-धृष्टधुम्न
    वह उस क्षण को प्रतिक्षारत हैं।
    पुत्र धृष्टद्धुम्न करे वध द्रोण का
    होनी ने ठानी...अब महाभारत हैं।

भारद्वाज पुत्र, वो महावीर है,
जब खड़ा हो जाए जब रण में।
कोटि सैन्य-दल करे सामना-
सब होते धराशायी एक क्षण में।

गुरू खड़े जब रण-भूमि में
पांडव कैसे विजय पाते।
कितने ही जोर अर्जुन भर ले
ये गुरू द्रोण नही हारे जाते।

दिवस पंद्रहवाँ, युक्ति एक है-
यदि विजय चाहिए अर्जुन! करना होगा।
गुरू द्रोण की निर्बलता पुत्र है-
अश्वत्थामा हनन अब करना होगा।

कैसे हनन करूँ गुरू-पुत्र का
प्रभु जो है अमर वरदान लिए।
नहीं मरेगा, गुरू शाप लगेगा
यह मैं न करूँ, महापाप लगे!

बोले कान्हा! सुनो पार्थ! यह गज देखो!
क्या नाम बता सकते हो इसका ?
हाँ! हाँ! यह अश्वत्थामा ही है!
कौरव-दल में जो दिखे विचरता।

सुनो धर्मराज बोलो अर्धसत्य!
यह कार्य धर्महित करना तुम।
भीम हनन करे,गज का रण में,
अश्वस्थामा हतोहतः कहोगे तुम।

विश्व कहेगा मुझे कपटी पापी!
यह कार्य नही मेरे लायक़, केशव!
नहीं चाहिए विजय,जो पाप-पूर्ण हो-
क्या कोई अन्य विकल्प? बोलो केशव!

ब्रह्म-हत्या का पाप लगेगा
यह कार्य कदापि श्रेयस्कर होगा।
गुरू का छल से हम यदि हनन करें!
पांडवों के लिए यह कृत्य कष्टकारी होगा।

सुनो धर्मराज! सेनापति धृष्टधुम्न ये!
जन्मे हैं-किस कारण सोचो!
अवसर श्रेष्ठ यही,समझ मेरी आया-
पांडवों! विजय पुकार रही तुम्हें देखो।

इतनी सुनकर भीम बढ़ चले-
किया गज पर गदा से तीक्ष्ण वार।
गज गिरा गर्त में, नहीं प्राण रहे!
सब चकित देख यह भीम प्रहार।

चिल्लाया व चला भीम अति जोश में-
बोला,मैंने अश्वत्थामा किया हनन।
कौरव-दल में मची खलबली-
यह बात द्रोण तक ले गयी पवन।

तेज गति से दौड़े आए! गुरूवर!
बोले धर्म! क्या यह बात सही।
अश्वत्थामा हतो हतः,नर या कुंजर
तब तक बज गयी रण तुरही।

अंतिम शब्द न द्रोण सुन पाए!
तन की साँस लगी थी रूकने।
दुःख भारी था,प्यारा पुत्र था-
भीम लगा गुरू को ताने देने।

   नहीं सुहाता,किसी विप्र को-
   शास्त्र छोड़ शस्त्र उठा लेना।
   परिणाम देखो,आज सामने-
   गुरूजी,पड़ा पुत्र से हाथ धोना।

इतनी सुनकर बिलख पड़े गुरू-
दिए त्याग उन्होंने अस्त्र-शस्त्र।
ली समाधी रण-भूमि बीच-
कर रहे ध्यान होकर निशक्त।

   अवसर पाकर रथ से उतरे,ली-
   म्यान से निकाल दिव्य तलवार।
   सेनापति धृष्टधुम्न ने एक वार में-
   गुरू शीश लिया ग्रीवा से उतार।

थमा गया युद्ध,था नियम विरूद्ध!
सब कोसते छलिया कान्हा को।
छल-कपट की कौरव नीति का
सटीक जवाब यह दुर्योधन को।

   पितामह गये, अब गुरू द्रोण!
   शक्तिहीन सा अहसास करूँ।
   शक्ति-स्रोत नित होते धराशायी
   मित्र कर्ण तेरा अब आह्वान करूँ।

रख कंधो पर हाथ मित्र के-
अंगराज मुखर हो यह बोला!
कल का दिनकर जब उगे धरा पर-
कुरूक्षेत्र में पराक्रम देखना मेरा।

      नहीं बचेगा कल अर्जुन मुझसे-
      मित्र! भीषण समर कल होगा!
      राधेय रहें या फिर कुंतीसुत अर्जुन!
      कल निश्चित ही परिणाम होगा।

न तनिक दुखी हो! मित्र दुर्योधन!
न कोई शंका लाओ मन में।
विजय खड़ी रहे दूर पांडवों से
जब तक कर्ण खड़ा है रण में।

कर्ण-अर्जुन युद्ध

दिवस सोलहवां,चिर-प्रतीक्षा दिन
ये.. कर्ण आज अति उत्साहित है।
जीवन जिस उद्देश्य-हित बीता-
इस क्षण को पाकर प्रसन्नचित हैं।

ली कमर कस,अब बजी रण-भेरी
कर्ण टूट पड़े ले शक्ति बाण।
पांडव सेना में मची खलबली
यह कौन महारथी लिए अग्निबाण।

एक तीर से बरसे काले बादल
दवूजे तीर से आएं आंधी तुफ़ान।
कोई तीर हिमखंड बरसाता-
कोई बरसाएं अनगिन पाषाण।

कौन रोकेगा! इस प्रलय को
कौन! रोके इसे,जो करे सेना संहार।
तभी तीव्र वेग से धनंजय हुए प्रकट
किया तीर छोड़ कर्ण को सावधान।

हे! सूतपुत्र! क्यों सैनिकों से लड़ते
क्या महावीरों से लगता हैं डर।
चलो करो सामना अब अर्जुन से
हो जाओ सावधान! मेरे शर प्रखर।

      तीर बढ़ चला कर्ण थे चौकन्ने
      लिया ओट अर्जुन का घातक बाण!
      प्रत्युत्तर मे विजय धनुष से दिया-
      अर्जुन को अपनी शक्ति का प्रमाण।

काट प्रत्यंचा हंसकर बोले! सुनो धनुर्धर!
तुमको सूतपुत्र का यह प्रथम प्रहार।
संभल कर लड़ना, मुझसे धनंजय!
कहीं मिले गुरू द्रौण से कड़ी फटकार।

      पल न लगी,चढ़ा प्रत्यंचा,किया-
      अर्जुन ने कर्ण पर भीषण वार।
      कर्ण अचंभित...रथ को देखा!
      रथ हटा जगह से सात हाथ।

अगले पल कर्ण फिर बरसें-
अब अर्जुन देखो मेरा कमाल।
वार बाण का था यह अनोखा-
अर्जुन-रथ सरका दो ही हाथ।

      कृष्ण थे हर्षित,अर्जुन विस्मय में!
      यह बात खल गयी कुंती सुत को।
      सात कदम रथ पीछे मैं करता-
      प्रशंसा क्यों कर्ण की,बोले क्रुद्ध हो।

युद्ध करो हे! पार्थ न ज्यादा सोचो-
यह महावीर,जो खड़ा तेरे सम्मुख।
यह लक्ष्य कठिन,विजय मार्ग में-
युद्ध लड़ो,कर्ण प्रतिद्वंदी तेरा प्रमुख।

    रथ पर बैठे जब स्वयं वीर हनुमान!
    कौन? बोलो रथ तेरा हिला सकता।
    जकड़ रथ पहियों के शेषनाग लिपटा-
    कर्ण-बाण दो हाथ कैसे पीछे करता।

सोचो! इन सबके साथ,फिर मैं भी हूँ!
त्रिलोकीनाथ! जो हूँ मैं तेरा सारथी।
क्यों न प्रशंसा करूँ! इस महावीर की-
जो कौरव दल का सर्वश्रेष्ठ महारथी।

    समझ गया मैं, मेरी विनती सुन लो!
    हे! कान्हा! मेरा अब मार्गदर्शन करो!
    कैसे वध करूँ इस महावीर का?
    मेरी समस्या का प्रभु समाधान करो।

इधर कर्ण ने जब हाथ बढ़ाया,
तक्षक-सुत बैठा था बीच तूणीर।
करो संधान तीर का हे! कर्ण तुम!
तेरा अरि जो,वो मेरा है रिपु गंभीर।

    नर हूँ,न नरता को..मैं कभी तजूँ?
    तुम सर्प जाति से,कैसे तेरा साथ मैं लूँ।
    अर्जुन नर है,चाहे कितना बैरी हो तेरा!
    नर-सर्प युद्ध में,अर्जुन से कभी न घात करूँ।

बिफरे दुर्योधन! क्या कर्ण मित्र!
तुम मेरी विजय मे बाधा बनो!
तेरे तीर पर अश्वसेन करे सवारी-
करो प्रहार और अर्जुन संहार करो।

   विवश कर्ण था..मैत्रेय प्रण था!
   दिया तीर छोड़ अर्जुन की ओर।
   पल न लगी गोविंद समझ गये-
   दिया धंसा पग से रथ भर जोर।

प्राण बचे अर्जुन था विस्मित..
बोले! कान्हा यह क्या था।
युद्ध-भूमि में यह कौनसा अस्त्र जो
मेरे प्राण हरण कर जाता।

   याद करो तुम खांडवप्रस्थ को
   कितने विषधारी तुमने सर्प हरे।
   उन्हीं सर्पों के कुल से,यह अश्वसेन!
   अर्जुन तेरे विरूद्ध अब युद्ध लड़े।

युद्ध चला..किंतु न कोई निर्णय!
संध्या ने दिनकर दिया सुला।
कठिन राह थी अर्जुन यह सोचे!
ये कर्ण शत्रु है मेरा बड़ी बला।

   बोले नारायण! सुनो पार्थ!
   जब कल धरा पर सूर्य उदित होगा।
   परशुराम का दिया शाप,कर्ण को-
   कल रणभूमि मे फलीभूत होगा।

ऊषा आई,रवि-उदित हुआ...
रश्मियां आज शिथिल-सी है।
पवन थकी-थकी..खग-पक्षी भी..
अलसाए से, अति भ्रमित हैं।

      सूंघ ही लेती प्रकृति भी..
      जब कोई प्यारा होता संकट में!
      संकेत देती है..पर अनभिज्ञ मानव!
      जीवन वह जीता झंझट में।

आज युद्ध बड़ा भयंकर है..
कर्ण लड़ रहे मानो कोई देव।
सेना करती त्राहिमाम! अब-
तुम ही रक्षक हे! महादेव।

      किया इशारा वासुदेव ने-
      अर्जुन योजनाबद्ध कार्य करो।
      बढ़ो उत्तर तट की ओर धनंजय-
      कर्ण पर वहां पहुँच वार करो।

गाय का बछड़ा फँसा दल-दल में
जब गाय हताहत हुई एक ब्राह्मण की।
शाप दिया था,उस विप्र ने कर्ण को-
बने कारण वही दल-दल,कर्ण वध की।

      आगे नंदी घोष,पीछे शल्य सारथी संग
      कर्ण बढ़े, अब अपनी मृत्यु की ओर।
      पार्थ-सारथी थे चौकन्ने,रथ मोड़ लिया
      पर कर्ण-रथ धंसा,दल-दल जिस ओर।

विवाद हुआ,शल्य राजा जो ठहरे!
बोले! कर्ण मैं नही हूँ तेरा दास।
अपने रथ का पहिया,स्वयं निकालो!
मैं शल्य मद्र नरेश! न करो उपहास।

उतरे रथ से महावीर,लगे रथ निकालने
किंतु मन में पनपी भारी व्याकुलता।
किया संकेत अर्जुन को कान्हा ने-
चलाओ बाण,यह उत्तम अवसर था।

बोले कर्ण! हे! अर्जुन तनिक ठहरो!
रथ का पहिया तनिक निकलने दो।
एक निहत्थे,रथ-हीन कर्ण पर-
हे! पार्थ! रूको, मुझे अभी संभलने दो।

अभिमन्यु भी निहत्था था जब-
तुम सब उस पर क्या? उदार हुए।
क्यों नही रोका उन महावीरों को-
जिन्होंने बालक पर अनगिन वार किए।

याद करो! वह हस्तिनापुर की सभा-
जहाँ द्रौपदी को अपशब्द कहें तुमने।
नारी के अपमान में, हे!महावीर! जब-
चुन-चुन शब्द-बाण छोड़े तुमने।

सिर झुक गया, कृत्य याद था!
पर कर्ण ने लिया विजय धनुष उठा।
याद किया अपने विशिष्ठ अस्त्र को
पर यह क्या! गुरू शाप दे गया उसे दगा।

किया अंजलिकास्त्र का प्रयोग पार्थ ने
दिया बाण छोड़, हुए कर्ण अति हैरान।
चपला चीरे जैसे घन का ह्‌दय..
अर्जुन तीर हर गया, कर्ण के प्राण।

थमी पवन,रवि हुआ केसरिया!
दिन पर तारों ने डेरा डाला।
हाय!मित्र! क्यूँ छोड़ चला तू-
तोड़ दुर्योधन की विजय माला।

यह जीवन अब निष्फल है मेरा!
बिन मित्र..दुर्योधन अब है आधा।
मित्र का वध हुआ है छल से-
यह कृत्य लिख गया जग-गाथा!

आज वासुदेव अति कुंठित है!
पर सब पांडव खुशी मनाते है।
दुख की सूखी डाल बैठकर-
कौआ मातम गीत अब गाते है।

खड़े रण-भूमि में हर्षित पांडव-
कान्हा उन्हें समीप बुलाते हैं।
कर्ण तुम्हारे बड़े भ्राता ठहरे..
कर्ण का जीवन वृतांत बताते है।

थे विस्मय में पाँचों पांडव...
हमसे यह कैसा महापाप हुआ।
रोते शव से लिपटकर कर्ण के-
माता कुंती!तुमने क्यों यह छल किया।

बात समझ में आई सबके...
माता थी कठिन समस्या में।
कुंवारी मात थी, लोक लाज थी
राज छिपाया, विवशता में।

हुआ सूर्यास्त,कर दाह संस्कार
मातम था आज दोनो दल बीच!
वह महावीर,दानवीर कर्ण जो-
युगों को दे गया,मित्रता की सींख।

मित्र कर्ण सा कदापि जग में-
कोई मनुष्य कभी जन्मेगा।
नहीं मिले दानवीर कभी ऐसा-
जो स्वयं ह्रदय पर घाव उकेरेगा।

हुआ सूर्यास्त,कर दाह संस्कार
मातम था आज दोनो दल बीच!
वह महावीर,दानवीर कर्ण जो-
युगों को दे गया,मित्रता की सींख।

मित्र कर्ण सा कदापि जग में-
कोई मनुष्य कभी जन्मेगा।
नहीं मिले दानवीर कभी ऐसा-
जो स्वयं ह्रदय पर घाव उकेरेगा।

दुशासन-भीम संघर्ष

वर्तमान,भूत के काज खोजकर-
भविष्य नींव अब रखता है!
कुरूँ-सभा के कृत्य,स्मरण कर
भीम विकराल रूप अब भरता है।

      देख दुशासन,भीम ललकारे!
      अब रूको! किधर तुम जाते हो!
      प्रण-पूर्ण का शुभ अवसर आया-
      युद्ध करो कायर! क्यूँ डरते हो।

मैं कौरव सुत हूँ! डर कैसा? आओ!
चलो सज्ज हो, अब गदा युद्ध करो।
भीम प्रतिज्ञा, इस जन्म में पूरी न होगी
चलो! मेरा भीम यह वार चखो।

      था वह भी चपल गदा-युद्ध में-
      फुर्ती में भीम से था,कहीं अधिक।
      बदले पैतरा,वार तड़ित गति से-
      भीम थका-मानो,वह कोई मरू-पथिक।

मन में रहे जब कुंठा की गॉठ-
तो युद्ध में शक्ति होती क्षीण।
याद किया वह पल,जब यज्ञसैनी-
लाज बचाने खड़ी,सभा बीच मलीन।

टूट पड़े अब दुशासन पर-
तन का बढ़ा अति रक्तचाप।
किया प्रहार, भयंकर इतना-
दुशासन,अब बेबस व लाचार।

चढ़ छाती पर बैठ गया विकोदर-
मानो सुमेरू नीचे दबे हो प्राण।
दायी भुजा उखाड़ ली तन से-
दुशासन चीखता,हो निश्प्राण।

छाती भेद रक्तपान किया जब-
कुंतीनंदन! लग रहे असुर समान।
प्राण निकल गये दुशासन के-
भीम-रूप था अति विकराल!

अंजुली-भरकर रक्त ले चला-
जहाँ शिविर में बैठी एक कुंठित नार।
केश खुले थे जो तेरह वर्षों से..
आज अरि-रक्त से वह करे स्नान।

अति भयावह दृश्य धरा का-
पर प्रतिज्ञा वश सब रचा गया।
संजय वृतांत करे अब कैसे?
धृतराष्ट्र अति अधीर हुआ।

बोलो संजय! क्या-२ घटता-
देख देर न करो, अब बतला दो!
क्या? नही रहा, पुत्र दुशासन-
दुख सह लूंगा...बतला दो।

    वीर दुशासन रहे नही, राजन!
    वध कुंतीनंदन ने किया वहाँ।
    छाती फाड़ रक्तपिपासु बनकर
    रखा अपनी प्रतिज्ञा का मान।

केश रक्त से धोकर द्रोपदी-
शिविर में गाती मंगल-गान।
आज युद्ध में निपट अकेला
दुर्योधन खड़ा बीच तुफान।

    क्रोध-वश धृतराष्ट्र उठ बोले!
    कुंती-सुत, अब मेरी आंखों का शूल।
    समय आने पर, अपनी बाँहों में लेकर
    भीम-देह को कर दू चकनाचूर।

पांडव-विजय

कर्ण रहे नहीं, शल्य अब सेनापति-
दोनो सेना अब संख्या में समान।
आज युद्ध का परिणाम पाने को-
उत्साहित पांडव लड़ते काल समान।

      शल्य-युद्धिष्ठर, युद्ध अति भयंकर
      दोनो थे भाला-युद्ध में अति निपुण।
      धर्मराज का भाले से, प्रहार भीषण था-
      शल्य स्वर्ग सिधारे, उसी क्षण।

शकुनि वध हुआ हाथ सहदेव के-
दुर्योधन ने खोए बाईस भाई।
भीम लील गया निन्यानवे कौरव
परंतु दुर्योधन रणभूमि में न दे दिखाई।

      भगदड़ मच गयी कौरव सेना में-
      अब सेनापति जो थे नहीं रहें।
      सब लौट गये पीठ दिखाकर
      हर्षित चारण मंगल गाने लगे।

कहकर निकला सेना-दल से
जब कोई अपना न शेष रहें।
अपने प्रियजन खोकर राज्य करूँ?
दुर्योधन को अब न विशेष लगे।

वैराग्य पनप गया,कठोर ह्दय में-
जैसे वट उपजे,सहज महल मचान।
दुर्योधन अपनों को खोकर युद्ध में-
लेता समाधि,बीच सरोवर,कर जल-संधान।

अश्वस्तथामा,कृपाचार्य,कृतवर्मा
सब ढूंढते विचलित दुर्योधन को।
किधर हो गांधारी नंदन,सभी खोज रहे-
उपस्थित हो,हम खड़े पाने मार्गदर्शन को।

इधर कृष्ण ने अब सभा बुलाई!
यह रण अभी नही हुआ समाप्त।
जलाशय समीप जाकर ललकारो-
अरि को,वज्र का बना चुका जो गात।

माँ गांधारी ने प्रण-पट्टी खोली-
शिव-तप का उडेला सारा ताप!
नग्न शरीर लेकर आया सुयोधन-
पर गुप्तांग पर रख केला पात।

यही जीर्ण स्थान है,सुनो विकोदर!
जिस पर तुम गदा से वार करो।
जिस जंघा पर यज्ञसैनी बिठाते-
वो जंघा तोड़,अपना प्रण पूर्ण करो।

धर्मराज ने जा ललकारा दुर्योधन!
क्या कुरू-वंश के कायर तुम।
छिपे हुए हो,जल में मीन की भाति-
क्यों कुल का मान गिराते तुम।

      बोला दुर्योधन! मैं थका हुआ हूँ!
      और मुझे है अपने खोने का संताप।
      जाओ! राज्य करो, सुख-चैन से-
      मेरी हार पर,न अब करो प्रलाप।

पांडवों को राज्य भीख में देकर-
यह उपकार दुर्योधन! नहीं स्वीकार।
मुझसे लड़ो युद्ध तुम! हे! दुर्योधन!
चाहे पाऊं मैं जीत या फिर हार।

      इतनी सुनकर प्रकट हुए दुर्योधन-
      क्रोध से तन से निकल रही थी भांप!
      धर्म!हार जाओगे गदा युद्ध में-
      चलो! भीम से कर लूँ दो-दो हाथ।

एक पल भीम,दूजों पल दुर्योधन भारी
गदा-युद्ध में थे दोनो ही महारथी।
अग्नि बरसती,लौह-तन लिए दुर्योधन-
भीम मस्तक पर विस्मय-रेखा उभरती।

      याद दिलाया वासुदेव ने! हे! भीम!
      करो याद, कुरू-सभा की प्रतिज्ञा!
      अवसर अति शुभ है, हे! विकोदर!
      पूर्ण करो,तोड़ दुर्योधन की जंघा।

गिरा भूमि पर वह गांधारी नंदन!
जैसे वृक्ष गिराता झंझावात।
कुंती-सुत भीम अति बलशाली-
दुर्योधन कैसे सहता,गदा आघात।

धर्म-अधर्म पर इस समर यात्रा में-
अब धर्म का पलड़ा भारी था।
कपटी,अधर्मी,अन्यायी,दंभी-पुत्र के-
कारण,गांधारी आंचल अब खाली था।

सत्य विजयी हुआ,कुरूक्षेत्र में
हर्षित हो,युगों को सबक पढ़ाता है।
असत्य कितना भी भारी-भरकम
सत्य को न कभी हराता है।

अपनों की सोचो,पर परहित रहे सुरक्षित-
यह राज-धर्म है,हे! धृतराष्ट्र! यह तू भूल गया!
पुत्र-मोह में बना अन्यायी, निर्णायक न रहा!
आज सारी गलतियां कुरूक्षेत्र गिना रहा।

विश्व जान गया, राजा हो कैसा!
गुण-धर्म, नीति-ज्ञान,न्यायिक-
जनहित का सदैव जो रक्षक हो।
रखे स्वयंहित को दूर सदा,
परहित करने में जो सक्षम हो।

पकड़े रहे धर्म-ध्वजा और न्याय-
अन्याय का सदैव समाधान करे।
वह रहे छल कपट से दूर सदा-
जनता जिसपर अभिमान करे।

युगों तक यह बात टीस देगी!
महाभारत कलियुग को सीख देगी।
सब वेद-पुराण,स्मृतियाँ,उपनिषद-
महाभारत इनसे बढ़कर सीख देगी।

नीति-ज्ञान समाहित इसमें!
परिवार कलह पर पथ-द्दष्टा।
मित्र कैसा हो...दानवीर कर्ण श्रेष्ठ!
विदुर सा राजनीतिज्ञ,विदुषक व वक्ता।

द्रोणाचार्य सा न गुरू मिलें!
जो शिष्य-प्रेम में है अनूठा।
सर्वश्रेष्ठ धनुर्धर पार्थ सदा रहें..
मांगे एकलव्य से दान अंगूठा।

मिले शल्य सा अतिथि कोई नहीं!
जो आतिथेय मे प्रसन्न स्व-हित खोए।
अपने प्रिय भांजों के ही विरूद्ध-
दुर्योधन खेंमे मे सदा जो रोए।

पितृ-प्रेम का सुंदर उदाहरण-
पितामह भीष्म सा पुत्र नहीं देखा।
आजीवन ब्रह्मचर्य निभाया और
जो कर्तव्य हेतु शर-सैय्या पर लेटा।

दुशासन था, वह भाई अनोखा-
जो खड़ा रहा भाई की परछाई बन।
रहा हर कृत्य में संग दुर्योधन के-
चाहे कार्य पूण्य का या पाप सघन।

      हठ दुर्योधन सी,कभी न पालो!
      जो लील जाए समग्र वंश की बेल।
      एक हठ के पीछे युद्ध खड़ाकर-
      भाईयों संग खेला खूनी-खेल।

एक भक्त अनूठा कान्हा का-
जिस पर प्रभु कृपापात्र रहे।
परिपूर्ण था अर्जुन,हर युद्ध कला में-
किंतु वासुदेव के लिए एक छात्र रहे।

      जब बात धर्म की होगी,रे! मानव!
      तब तब तुम यह याद करो।
      था धर्मराज सत्य सिपाही सदैव-
      जीवन में यह पात्र अपने वरो।

याद रहेंगे वीर घटोत्कच,जो
प्राण निछावर कर अमर हुए।
अपनापन था,अर्जुन की खातिर
स्वयं को कर बलिदान गए।

      एक सूत्र में बंधकर रहना,सीखो!
      पांडव दे गये ...अनुपम रीति!
      सता सके ना...कलह या विपदा
      प्रेम का धागा,बने परिवार-प्रीत।

नही डरे कभी..न विचलित होते!
विपदा सहते, सारे मिलजुल।
बने एकता शक्ति उनकी, जिस-
घर बहे,प्रेम की धारा विपुल।

     धारण करो,रे! मानव जीवन में अपने-
     महाभारत है,ज्ञान का अमृत सागर।
     हर प्रसंग पर करती मार्गदर्शन-
     मानव! संभल न खा कहीं ठोकर।

www.ingramcontent.com/pod-product-compliance
Lightning Source LLC
LaVergne TN
LVHW041846070526
838199LV00045BA/1457
9789362612687